大清盐案

暗潮涌动的乾隆三十三年

孙绍文 著

大连理工大学出版社
Dalian University of Technology Press

图书在版编目（CIP）数据

大清盐案：暗潮涌动的乾隆三十三年 / 孙绍文著 . 大连：大连理工大学出版社，2024．8．-- ISBN 978-7-5685-5121-2

Ⅰ . D691.21

中国国家版本馆 CIP 数据核字第 2024C1T272 号

大清盐案：暗潮涌动的乾隆三十三年
DAQING YAN AN：ANCHAO YONGDONG DE QIANLONG SANSHISAN NIAN

出 版 人	苏克治		
策划编辑	逯东敏　海迎新	责任编辑	海迎新
责任校对	邵　青	封面设计	刘润孟

出版发行	大连理工大学出版社		
地　　址	大连市软件园路 80 号	邮政编码	116023
邮　　箱	dutp@dutp.cn	电　　话	0411-84708842（发行）
网　　址	https://www.dutp.cn		0411-84708943（邮购）

印　　刷	南京爱德印刷有限公司		
幅面尺寸	145mm × 210mm	印　　张	8.25　字　　数　155 千字
版　　次	2024 年 8 月第 1 版	印　　次	2024 年 8 月第 1 次印刷
书　　号	ISBN 978-7-5685-5121-2	定　　价	58.00 元

本书如有印装质量问题，请与我社发行部联系更换。

序

盐既是人类日常生活的必需品，也是农业社会的相对稀缺品。正因如此，盐的价值往往超越生理和饮食范围而进入社会、政治、经济、伦理等领域。在传统中国历史画卷的展开中，盐扮演着不可忽视的重要角色。盐扮演重要历史角色的起点，是盐铁专卖。盐铁专卖作为一种国家分利制度，不仅关涉朝廷税费的分类和来源，还在朝廷与民间、产盐者（地）与消费者（地）、不同产盐地（者）之间构建起错综复杂的利益和权力关系，并在特定历史时期和事件中将不同的朝臣勾连起来，影响甚至左右着个人的命运、经济的运行、政治的稳定，映射出政权的构成性特征和运作逻辑。

乾隆三十三年（1768）这一年，因发生了“叫魂案”而被诸多学者与历史爱好者们所关注，但世人尚未关注到这一年发生的另一重要历史事件，那就是两淮盐引案。孙绍文博士的著作《大清盐案》即以该事件作为研究和论述对象。在搜罗、扒梳大量历史文献的基础上，孙博士尝试还原了事件的偶然性起点、百转千回的复杂进程、对局中个人而言乃意料之外但从制度运作逻辑看却是意料之中的结局。不只如此，孙博士还在故事建构基础上探幽穷赜，将盐引案和叫魂案并置，不仅试图洞察乾隆时期的具体困境、乾隆皇帝高度个性化的统治技术，还将皇帝的困局与性格特质放置到中国传统专制制度中，凸显三者的矛盾性结合方式，由此揭示一个基本的道理——“常规权力的非常规运作”既是专制皇权的优势所在，又是其根本困局所在，“越反越腐”就是这一困局的题中应有之义。

《大清盐案》的价值，不仅是以历史个案形式彰显了盐在中国历史中扮演的综合性角色，更为重要的是由此见微知著地再现了传统中国专制制度及其统治逻辑，暗示了此案发生将近一个半世纪后“走向共和”、走出制度困局的历史必然和必要性。

上海大学社会学院社会学系教授

肖瑛

2024 年 8 月

作者序

清朝是我国历史上最后一个封建王朝，在我国由古代向近现代演变的过程中占有重要的地位。一方面，它是我国皇权统治延续多年的官僚帝国体系的发展巅峰，同时也缔造了我国封建王朝历史上最后一个强盛时期——康乾盛世。但另一方面，它也是我国沦为半殖民地半封建社会，走向屈辱近代时期的开端。而乾隆皇帝作为清朝执掌国家最高权力时间最长的君主，其统治时期恰好就处在这一重要的历史变化节点之上。在他的统治下，清朝在人口与经济数据上达到了历代封建王朝的顶峰，但就在其去世后短短四十余年间，清朝的国力迅速衰退，我国社会也发生了巨大的变迁。因此，对于这一历史时期的研究无疑具有重要的历史学与社会学意义。

在探讨我国两千多年来皇权统治的历史时，皇帝与官僚之间的关系一直是学界无法绕开的议题。与一些西方及中东由皇帝统治的专制主义政权不同，从国家的治理模式来看，我国历代王朝的统治都是由一个拥有至高无上权力的君主（皇帝），与对国家进行日常管理工作的庞大官僚群体组成。对于幅员辽阔的中央集权国家而言，利用这样一个以皇帝为主，以官僚群体（包括内朝人员）为辅的政治体系，能够比较有效地治理国家，维持政权的稳定。但同时，这种一直延续的治理体系给皇帝出了一个难题，那就是尽管在名义上皇帝的地位完全凌驾于官僚之上，但在实际的帝国治理中，皇帝反而要依赖手下的这些官员，一旦官僚体系崩溃，那么政权往往随之瓦解，皇权也将不复存在。由此可见，居于高位的皇帝面临着一个自身权力运作的困境，即如何在维持政权正常运转的前提下打破官僚群体既有的利益共同体，实现皇权对整个官僚群体乃至国家的掌控。

本书选取发生在乾隆三十三年（1768）的两淮盐引案作为研究对象，结合同年发生的叫魂妖术案，以官僚帝国体系的理论视角，聚焦这一事件的不同发展阶段中乾隆皇帝与官僚群体之间的互动过程，探讨乾隆皇帝是如何通过这一贪腐案件跨过官僚群体所设的重重阻碍，运用常规制度下的非常规权力运作方式实现对官僚群体的惩治，从而走出官僚帝国体系下既有的皇权困境。同时，乾隆皇帝这种带有鲜明个人特色的权力运作模式在一定程度上也影响了清朝后期的政治环境，使得中国的社会性质发生了翻天覆地的变化。

由于作者学术水平有限，书中难免存在错误和疏漏之处，敬请读者朋友们提出批评与建议。

孙绍文

2024年8月

目录

参考文献

第一章　看不见的围墙

乾隆皇帝的烦心事

公元1768年，乾隆皇帝的统治走到了第三十三个年头。对于他来说，这可能只是其六十多年漫长执政生涯中平淡无奇的一年。说它平淡无奇，是因为这一年确实没有发生什么彪炳青史的大事件。日理万机的乾隆皇帝每天需要处理的大事小情不可胜数，但此时此刻能令他感到烦心郁悒的事也的确不多。

烦心事不多并不代表完全没有。困扰乾隆皇帝的头一件事，就是大清帝国在云南边境与缅甸的战争。这场战事已持续多年，然而清军毫无进展，甚至在年初，军队统帅明瑞还因被缅军围困而自缢身亡。战场形势的恶化首先与乾隆皇帝的急功近利脱不了干系，这一点他自己也承认："是朕之蔑视缅酋，未为深思远计，不得不引为己过者。”[1]但除此之外，前线将领们也难辞其咎，尤其是在明瑞之前担任统帅的刘藻和杨应琚二人，不仅带兵无方，还屡次谎报军情，捏造胜绩，给远在京城指挥的乾隆皇帝带来极大困扰。更糟糕的是，乾隆皇帝只能在事后对官员施以惩戒，而无法从根本上杜绝官员的欺瞒，因为坐镇后方的他对于战事的所有认知都要从前线的官员那里获得。只有依靠这些信息，乾隆皇帝才能作出接下来的战争部署。

这一情况在乾隆皇帝的另一件烦心事上也有所体现，这件烦心事就是持续了一整年的叫魂妖术案。这桩后来被乾隆皇帝定为“谋反”性质的案件实际上纯属子虚乌有，因为自起于江浙，到流入山东为乾隆皇帝所知，再到蔓延全国招致朝廷“清剿”，无论是查案官员还是乾隆皇帝自己都无法确证叫魂妖术团伙的存在。尽管办案官员想方设法地抓捕了一大批罪犯，但这些坐实妖术行为的罪犯都是最底层的实施者，他们毫无组织性，相互之间也缺乏关联。乾隆皇帝带领官员们忙碌一整年，却始终未能找到幕后策划的“首犯”，因而也就无法证实他对于这一案件的谋反定性。最终，乾隆皇帝不得不向官员们妥协，亲自下令停止“清剿”。但同时，他也不接受这样一个“不清不楚”的结果，而是

[1]《清实录·乾隆朝》，中华书局，2008，乾隆三十三年二月丙寅日条。

将查无首犯的尴尬局面怪罪于懈怠的官员。当然，乾隆皇帝对于官员的恼火也是可以理解的，在叫魂妖术案中，他再次陷入与清缅战争相似的境地。先是江南地区官员的隐瞒导致他在案发三个月后才获知相关信息，此时妖术恐慌已开始向京畿地区蔓延。而之后各地官员在办案过程中要么消极怠工，极力推卸责任，要么通过屈打成招获得各种所谓的“招供”信息来迎合皇帝的要求，最终呈现在皇帝面前的各种虚假且相互矛盾的线索将他的决策越引越偏。乾隆皇帝显然对叫魂妖术案投入了巨大的精力，身在紫禁城的他时刻关注着地方办案的进展情况，多次对办案不力的地方官员进行督促与斥责。尽管如此，办案官员的表现仍然未能达到乾隆皇帝的期望，而且他们还消极抵制乾隆皇帝对叫魂妖术案的查办。更令乾隆皇帝感到无奈的是，由于始终未能确认叫魂妖术案的首犯，他无法找到一个合适的理由来对办案不力的官员实施重罚，最终，绝大多数官员只遭到了贬谪的处理。乾隆皇帝甚至为了平衡，还处罚了一些滥用刑狱的官员，而实际上他们才是在案件查办过程中真正贯彻了乾隆皇帝要求的人。

发生于乾隆三十三年（1768）的这些事件似乎在提醒我们，即使如乾隆皇帝这样颇有政治手腕的统治者，也不能实现对整个帝国行政的完全掌控。他既不能洞察与阻止清缅战争前线官员的欺瞒，也不能在叫魂妖术案中以皇帝的权威去杜绝官员懈怠的态度。以往我们印象中无所不能的皇帝在此时似乎陷入了困境，在紫禁城与偌大的帝国领土之间，一道看不见的围墙横亘其中，将它们隔离开来。

此时，同年发生的一桩贪污亏空案进入我们的视野。与叫魂妖术案及清缅战争不同的是，这桩被后世称为两淮盐引案的贪污亏空案虽然涉案金额巨大，也触及堪称清政府经济命脉的两淮盐业，但它似乎并未成为乾隆皇帝的烦心事，甚至江苏巡抚彰宝汇报此案重大进展的举动还被乾隆皇帝认为他企图为自己在叫魂妖术案中的失职开脱。在乾隆皇帝看来，这起案件“不过地方公事之一，况已查有端倪，无甚棘手”[2]。事实也确实如此，相较于叫魂妖术案，这桩贪污亏空案的查办过程显得十分顺利，乾隆皇帝的意志得到了最大限度的贯彻，相关罪犯也被处以极刑。在这起案件的查办过程中，乾隆皇帝一开始的境遇看上去与同年的清缅战争、叫魂妖术案类似，都是只能“枯坐”紫禁城等待地方官员践行自己的意志，但其后整个案件的查办过程与最后的结果却与之大相径庭。甚至在叫魂妖术案中被乾隆皇帝“严行申饬”的江苏巡抚彰宝，在两淮盐引案中摇身一变成为主办官员，一改之前焦头烂额的应对，较为圆满地完成了案件的侦办。

那么，究竟是什么原因导致两淮盐引案出现了完全不同的走

[2]《宫中廷寄》，乾隆三十三年七月九日，中国第一历史档案馆藏。

向与结果呢？这一案件背后蕴藏着怎样的帝国治理逻辑？乾隆皇帝在此案中扮演了怎样的角色？让我们回到这少见诸于史端的公元 1768 年，去探寻这一切的答案。

皇权的困境

自公元前 221 年秦朝建立，至公元 1911 年清朝政府的统治被辛亥革命所推翻，中国这片土地历经了两千多年分分合合的皇权统治。与欧洲的封建领主制国家不同，在中国这两千多年的历史中存在过的大大小小的政权都基本保持了相似的政治制度，即大一统的中央集权制度。但与一些西方及中东国家由皇帝统治的专制主义政权不同，从国家治理的角度来看，中国的皇权统治可以被称为“官僚帝国”[3] 的政治体系，即国家处于一个拥有至高无上权力的君主（即皇帝）的统治之下，但同时，也有一个较为庞大的官僚群体对国家进行日常管理。从这一层面来讲，官僚帝国是一个传统政体与现代政体相结合的政治体系。其传统的一面是，君主拥有无上权力，在名义上这种权力不受任何约束，而相对来说，平民缺乏一般的公民权利。但同时，官僚帝国也具有某些现

[3] S.N. 艾森斯塔得：《帝国的政治体系》，阎步克译，贵州人民出版社，1984。

代政治体系的特征，那就是官僚帝国的官员形成了一整套包括分工协作、公文往来、晋升等在内的管理制度，在一定程度上实现了对于国家的高效管理。尤其是自隋朝实行科举制度以来，中国的政权不再由贵族阶层把持，科举考试为人才选拔拓宽了渠道，不会再出现某几个大家族垄断官僚阶层的情况。简而言之，中国的皇权统治是一个以皇帝为主，以官员（包括内朝人员）为辅的政治体系，对于幅员辽阔的中央集权国家而言，这种政治体系能够比较有效地治理国家，维持政权稳定。

但从皇权的角度来看，这种一直延续的官僚帝国体系给皇帝出了一个难题，那就是作为皇帝权威最根本来源的“天下”，必须依靠众多官员来进行治理。因此，尽管在名义上皇帝的地位完全凌驾于官员之上，但在实际的帝国治理中，皇帝反而要依赖于手下的这些官员，一旦官僚体系崩溃，那么政权往往随之瓦解，皇权也将不复存在。从乾隆三十三年（1768）的清缅战争以及叫魂妖术案中我们可以看出，皇帝对于官员的依靠来自两个方面：一是信息的上报，二是皇帝意志的执行。虽然皇帝拥有帝国最高的决策权，但头脑清醒的统治者一般不会妄自作出决定，大到国策制定，小到突发事件的处理，都需要建立在可靠的信息之上。同样，皇帝的决策是否真的能够起作用也需要官员的实践，如果官员完全不把皇帝的旨意当回事，在实际行政过程中我行我素，那么远在京城皇宫中的皇帝所做的任何决策都是没有意义的。

除此之外，在叫魂妖术案中我们还看到乾隆皇帝所面临的另一个困境，那就是尽管他对于手下官员的办案态度十分不满，但却无法对相关人员施以严惩，毕竟未拿获首犯的结果使得这桩妖术案的谋反性质大打折扣，那么借此案来重罚办案不力的官员是不太合适的。由此可见，乾隆皇帝并不能完全以个人的好恶对官员进行赏罚，他必须要在一定的制度框架内行动，比如在涉及刑狱时乾隆皇帝往往要参考既有的律法定夺，而不能直接以皇帝的意志来判案[4]，因为那是“不合体统”的行为。归根结底，除了维护政权以保证皇权的稳固外，皇帝还必须维持皇权外在的合法性，因为“任何权力……一般都有为自己的正当性辩护的必要”[5]。对于皇权统治来说，这种合法性观念来源于作为皇权统治意识形态的儒家学说。就儒家的政治观而言，皇帝之上还存在着“天”这一最高的主宰，皇帝作为“天子”是代天理民，一旦君主失德，那么其手中的权力就不再合法。而对于如乾隆皇帝这样承继父辈的守业者而言，皇权的合法性更多地落在了其作为君

---

[4] 杜斌：《乾隆朝督抚贪赃案件的司法运作与君权——〈以乾隆朝惩办贪污档案选编〉为据》，西南政法大学硕士学位论文，2008。

[5] 马克斯·韦伯：《韦伯作品集Ⅲ：支配社会学》，康乐、简惠美译，广西师范大学出版社，2004，第 19 页。

主的品德上，即他要尽力去做一个“有德之君”，不能做有损于仁君形象的事情。这里的“德”首先指的是爱民，施行仁政，以民为本[6]。另一方面，在面对臣下时，皇帝也要贯彻德行，“欲为君，尽君道；欲为臣，尽臣道”[7]，在选贤任能的同时，做到“君使臣以礼，臣事君以忠”[8]。在实际的统治中，皇帝需要在这种以“德”为中心的政治框架中为自己的一切行为寻找到合适的理由，才能维持统治的合法性。虽然皇帝没必要也不可能事事都以德君的标准来要求自己，但失德行为还是会对他的君王形象以及统治合法性造成损害，继而对治下政权造成负面影响，这种风险是显而易见的。实际上，自古以来的诸多帝王中，如传说中夏桀、商纣那样恣意妄为的暴君所占的比例并不大[9]，而那少部分暴君基本上都没有好下场，足以给后世帝王留下前车之鉴。

归根结底，皇权不是无源之水，它的存在必须以国家政权为基础，任何破坏政权稳定发展的行为都是对皇权的威胁，包括皇

---

[6] 张星久：《论帝制中国的君权合法性信仰》，《武汉大学学报》（哲学社会科学版），2005 年第 4 期，第 482～489 页。

[7] 万丽华、蓝旭译注：《孟子·离娄上》，中华书局，2006，第 147 页。

[8] 张燕婴译注：《论语·八佾》，中华书局，2006，第 34 页。

[9] 余英时：《历史与思想》，台湾联经出版事业公司，1976。

帝自身的举动，这是在皇权政治中作为最高统治者的皇帝无法从根本上逾越的障碍。

由此点来看，作为统治者的皇帝不仅要时刻注意自己的行为，同时还要对官员实施监督与控制。尽管儒家语境下的君臣关系应该是贤君以礼相待，能臣以忠效命，但在实际的统治情境下，所谓“君德臣道”对皇帝与官僚双方来说都是很难被遵守的。皇帝要尽可能地让自己的权力向下渗透以实现对于整个国家政治的掌控，作为个体的官员则往往会有更为私人化的利益所在，而这些个人利益并不一定与君主的利益相吻合。从清缅战场上谎报军情的将领到隐瞒妖术恐慌的地方官员，官员所做的是想尽一切办法逃避责任、大事化小以保住乌纱帽，似乎没有人在意自己的行为可能会对自己本应尽忠的朝廷社稷造成危害，而这一点也被中国封建社会历史长河中的无数贪官奸臣所证明。当皇帝治国所依靠的官员各自心怀鬼胎时，情势就变得十分复杂了。正如之前所提到的，官员掌握着信息源，同时也担负着践行君主意志的任务，一旦官员出现问题，国家的治理状况也会随之败坏。对于百姓而言，官员代表的就是皇帝，官员对于民众的欺压实际上损害的是皇帝的德行，也即是在损害皇权统治的合法性，而这种统治的合法性在某种程度上又在阻止皇帝对官员实施惩治措施。

综上所述，自中国的皇权统治建立以来，皇帝的权力在名义上是无限的，可以不受任何规则的约束，但在具体的行使中，它只能被有限地使用，一方面皇权应尽量避免有损于政权以致自我毁灭，另一方面它还要顾及自身统治的合法性。而在官僚帝国的体系下，皇帝还要面临更大的问题，他不仅只能使用受限的皇权，而且还要以这种受限的皇权去尝试控制与矫正官员以私利为导向的对于君主及政权的不利行为。当作为个体的皇帝面对成千上万的官员时，如何有效地获取自己需要的信息，如何去监督和保证官员对自己意志的执行，如何在合法性的框架下合理地对问题官员进行惩治，都是皇帝亟待解决的问题，尤其是当官员已经形成一个松散的利益共同体，即在具体的帝国治理中出现“官官相护”的现象时，皇帝应该如何应对。

借由孔飞力的著述[10]，我们看到了叫魂妖术案中乾隆皇帝针对这一境况所做出的努力。实际上，早在康熙时期就已经出现了以割辫为媒介的妖术活动，民间还存有防范此种妖术的符方[11]。尽管当时的妖术活动并未掀起太大波澜，但也说明了乾隆三十三年（1768）这桩叫魂妖术案的发生并非偶然，而是早有先例。而

---

[10] 孔飞力：《叫魂——1768年中国妖术大恐慌》，陈兼、刘昶译，上海三联书店，1999。

[11] 王振忠：《从新发现的徽州文书看“叫魂”事件》，《复旦学报》（社会科学版），2005年第2期，第135～139页。

在这之后，相似的妖术恐慌事件又于嘉庆十五年（1810）和光绪二年（1876）出现两次，但这两次朝廷都没有发动全国性的大“围剿”。我们不能忽视的一个事实是，嘉庆朝与光绪朝两次妖匪作乱事件确实没有引起大的波澜，在地方政府的几次追捕“清剿”后便平息下来，而没有爆发危及清朝统治的起义骚乱，毕竟这些妖匪所做的只是诸如摄人魂魄、剪人发辫之事，这些行动都是针对平民的，更何况这些匪徒数量不多，也缺乏有效的组织，对清朝政权完全构不成威胁。这样看来，发生于乾隆三十三年（1768）的这场妖术恐慌就显得特别了。换句话说，如果乾隆皇帝也如他的继承者们一样对这场妖术恐慌进行冷处理，那么人们对于妖术的恐慌很有可能会随着时间的流逝而慢慢平息，不会对政权的稳定产生什么负面影响。然而，作为帝国最高统治者的乾隆皇帝对叫魂妖术案的处理却是扩大化的，他先是将这场妖术恐慌定性为对统治威胁最大的谋反活动，之后又非常执着地想要将妖术团伙一网打尽，并以此为由不断地以激烈的言辞施压，催促手下官员捉拿案犯。而对于侦办不力的官员，乾隆皇帝则毫不留情地进行处罚，几位高官被贬，一批州县官员因为错放了嫌犯而遭到免职，不少极有潜力的低阶官员就此断送了大好的仕途。这不得不让我们去思考一种可能，那就是乾隆皇帝实际上是在借着叫魂妖术案对官员们进行一场轰轰烈烈的整肃运动，以期革除官场懒散的习气，让官员能够更为顺从且高效地执行自己的意志。然而，面对咄咄逼人的乾隆皇帝，很多官员在查案中依然我行我素地保持着消极懈怠的态度，乾隆皇帝的“借题发挥”并没有达到目的。正如我们之前所提到的，官员对于信息来源的掌握和对实际办案的操控使乾隆皇帝陷入非常被动的境地之中，大批案犯的逮捕所收获的只是一堆混乱的供词。随着冤狱的增多以及民间诬告案件的出现，查案所引起的社会骚动规模逐渐超出政府的掌控，以至于乾隆皇帝不得不接受案件查办无法进行下去的现实，停止了大规模的清剿。尽管乾隆皇帝最终能够以隐瞒案情和办案不力的理由追究官员的责任，但实际上，查无首犯的结果使乾隆皇帝失去了推动清剿的根本理由，也失去了对官员进一步惩罚的机会。这起叫魂妖术案可以视为乾隆皇帝打破已有的常规机制，以突击运动式的手段对官员进行整顿和控制的尝试，但随着案件查办的深入，乾隆皇帝却发现自己依然在既有的制度中原地打转，案件的信息来自于官员，对妖术团伙进行抓捕的也是官员，找不到首犯的结果使得乾隆皇帝无法彻底整治官僚体制固有的低效、敷衍等恶习。

至有清一代，诸如军机处等利于皇权集中的制度渐趋完善，皇帝的专制权力被认为达到了历朝历代的最高峰。但在皇权具体运作的情境中，皇帝依然面临着来自各方面的掣肘。因此，仅仅从制度层面去探讨皇权所面对的困境是不够的，一方面各种制度可能由皇帝制定，但在具体执行时皇帝仍要或多或少地依靠官员，这就使得这些本为增强皇权控制力的制度在运作时又回到了既有的困境当中，而另一方面，制度安排只是为最高统治者提供了机遇，而如何利用机遇摆脱困境则很大程度上取决于皇帝在具体治理中的权力运作手段。因此，无论是对皇权困境的展现，还是对皇帝在帝国治理过程中决策的诠释，都应放入一个更为微观的皇权运作情境中，正如在叫魂妖术案中所展现的那样，乾隆皇帝试图借由偶然发生的政治案来整治态度懈怠的官员，此时针对官员的责难惩罚是合理的，可最终叫魂妖术案并没有帮助乾隆皇帝达到自己的目的。但在同年发生的两淮盐引案中，在面对同样的境遇时，皇权的运作却表现出了完全不同的面貌，造成这种不同的原因，正是我们通过这一事件所要探寻的。

帝国的命脉

正如我们上面所提到的，皇帝想要掌控一个庞大的帝国，就必须依靠手下的官员，因此官员们的行政治理能力对于政权的稳定尤为重要。这也说明了为什么乾隆皇帝总是想方设法利用一切机会来尝试祛除官僚群体中弥漫的懈怠消极的习气，毕竟维持政权存续的命脉掌握在这些官员手中。其中，国家财政与税收无疑是立国之本，而一旦与金钱扯上关系，就不可避免地涉及官员的贪腐违规问题，而我们接下来所要讲述的这个案件，恰恰发生于清帝国财政税收的重中之重——盐政系统之中。

自古以来，食盐就是与人们生活息息相关的重要物质，它对维持人体健康起着重要的作用，为人们日常生活所必需。这种必需性也让盐税成为天然优良的税源，从汉朝实行盐铁专卖开始，盐税在国家税收中占据了不小的比重。根据黄天华的《中国税收制度史》中的数据，自康熙时期开始，盐课的相关收入逐年增加，在乾隆皇帝统治前期达到最高峰。乾隆十八年（1753），盐课岁入 701 万两，占清朝整个财政收入的 17%，到乾隆统治中期的乾隆三十一年（1766），盐课岁入 57 万两，也占到了整个财政收入的 12%，是仅次于田赋收入（地丁银）的国家财政收入来源[12]。盐政与国家财政制度息息相关，并深受其影响，一旦国家的财政恶化，必然会带来盐法的崩坏，盐法的崩坏则造成恶劣的社会影响，继而引发诸如私盐等社会问题。这也正是清朝政府在统治后期所面临的困境，由此引发了道光年间对盐政所进行的“废引改票”改革，从某种意义上也说明了盐课的各项收入对于整个清帝国财政的重要性。

整个中国皇权统治时期的盐政制度的特点，可以用“大体制，小变革”来概括。“大体制”指的是在绝大多数时候，政府对盐业管理都采取了盐专卖制度，而在这种制度下，政府一直持

[12] 黄天华：《中国税收制度史》，华东师范大学出版社，2007。

续对食盐运销环节进行直接管理，从未放任商人进行自由买卖；而“小变革”指的是在“大体制”的前提下，各朝各代的盐专卖制度在课税方式、运输方式、对盐商管理等方面均有不同，这也可称作“盐制不变而盐法变”。在民国二十五年（1936）出版的《中国盐政史》中，作者曾仰丰将中国历史上曾出现过的盐法制度归纳为三种，即“无税制”“征税制”和“专卖制”[13]。其中无税制是指官方对于盐业完全不征收任何赋税，同时任其自由买卖。这种制度只在隋朝和唐朝初期实行过，时间较短。征税制是指政府对食盐的销售征收税赋，但不做过多管控，这一制度实行的时间也不长，只在西汉前期和东汉实行过。这两种制度之所以实行时间如此之短，是因为其创收能力低下，很难满足国家财政的需求。因此，在中国皇权统治的历史中，实行时间最长的就是专卖制，即由政府垄断食盐的销售，即我们之前所提到的“大体制”。

专卖制也有不同的形式，主要由政府所管控的环节而定，有的朝代政府垄断的是运输与销售环节，制盐则交给民间盐户；有的朝代则是从制盐到运盐再到贩盐全部由政府管理。而清朝在道光十一年的“废引改票”之前所采用的，是较为特殊的专卖制——商专卖。这一制度最大的特点就是盐的销售由盐商而不是由政府垄断。这些盐商通过各种渠道获得政府所授予的专营权，

---

[13] 曾仰丰：《中国盐政史》，商务印书馆，1998。

在固定的区域垄断盐的销售，世代以此为业，政府则向盐商征收各种杂税捐费。由此中国出现了富甲一方同时极具影响力的盐商群体。这种既有政府授权又有垄断商人参与的专卖制度自然形成了盐商与盐政官员勾连的利益体。扬州是全国盐业中心，清政府视扬州盐业为整个国家盐政乃至财政制度的重中之重，设立了种种制度以保证盐税的征收。庞杂的盐政官僚体制催生了大批腐败分子，这些盐政官员不断向盐商索利，中饱私囊。扬州盐商也借此机会与各级盐政官员勾结，欺上瞒下，侵吞国家财产，瞒报盐税。最终形成的局面是盐商与盐政官员结成利益同盟，各取所需，朝廷的财政税收则遭受了重大损失。盐政方面的贪污是皇帝所不能容忍的，因为这种商专卖制度使得清代还出现了一种盐商对朝廷的特殊资金贡奉，即报效。与盐课盐税相比，报效在时间与数额上并无定制，盐商们多选择在国家进行战事、遭遇严重自然灾害以及兴修水利时向朝廷缴银。清前中期，由于盐业的进步发展，盐商们的报效次数繁多，尤以乾隆统治时期为甚。以两淮盐区为例，乾隆朝共有多达三十三次报效，数额动辄百万之巨。[14] 这些报效多被用在军需资金上，应该说乾隆时期几次大规模武装行动背后都有两淮盐商们的报效做后盾，帮助清廷解决了不少财政问

[14] 陈锋：《清代盐政与盐税》第二版，武汉大学出版社，2013，第 287 页。

题。而更为重要的是，盐商的报效里面还有所谓“备公报效”，这些报效是直接进入内务府以备皇室之用的资金，在乾隆朝，尤以两淮盐区和两浙盐区的备公报效为最多。可以说两淮盐业不仅是清政府税收财政的命脉，还是国家应对突发事件的保障机制，更是乾隆皇帝私人金库的一大进项，其重要性是不言而喻的，乾隆皇帝对于来自两淮盐政的消息理应会特别关注。

然而，这样一桩涉及清帝国财税命脉的贪污亏空案，在乾隆皇帝的眼中远没有同年的叫魂妖术案重要。通过之前的分析，我们能清楚地看到叫魂妖术案的实际情况远没有乾隆皇帝所给的谋反定性那么严重，乾隆皇帝对案件的扩大化是别有用心。此时，我们看到了一个值得玩味的情况，乾隆皇帝在面对一桩涉及国家财政命脉的贪污亏空案与一场源于子虚乌有的妖术恐慌时，将注意力放在了后者上。我们可以认为乾隆皇帝的这一选择是意图借机整肃官僚群体，但更令人惊讶的是，被刻意利用的叫魂妖术案远未达到乾隆皇帝的目的，而在相对被忽略的两淮盐引案中，几乎所有的涉案官员都没有逃脱惩罚，甚至案发时已离任的两位前任盐政官员也被追究立案，堪称两淮盐政官僚系统的“大地震”。这样强烈的对比愈发使我们对这桩发生于乾隆三十三年（1768）的两淮盐引案提出疑问：乾隆皇帝究竟是如何在这起案件中实现对官员的惩治的？究竟是什么决定了案件的走向与涉案官员们的命运？

第二章　君与臣

皇权之源与君臣之道

在正式探究两淮盐引案之前，我们还需要了解在案件中扮演重要角色的两方——皇帝与官员群体，以及他们在这起案件的博弈中各自所拥有的资源与所需遵循的规则。

对于乾隆皇帝来说，他手中所拥有的主要资源就是所谓的“皇权”，但这个“皇帝的权力”并不是做了皇帝就一定会拥有的，想要使用它就需要满足其合法性的要求。实际上在中国皇权统治的语境下并没有所谓的“合法性”，而只有“正统”与“非正统”的说法，即皇帝得天下正不正当。在这里我们仅借用韦伯的合法性概念[1]来探讨中国的皇权在意识形态层面抑或说信仰体系层面的权威来源。而自汉代儒家学说成为中国皇权的主导意识

---

[1] 马克斯·韦伯：《经济与社会》上卷，林荣远译，商务印书馆，2004。

形态之后，政权是否合法抑或是否正统很大程度上取决于统治者对于儒家意识形态的认同与否。作为皇权统治主导意识形态的儒家学说建立了一套完整的皇权政治观念，而正是儒家学说作为国家意识形态的确立，才使得皇权的统治有了合法性。作为一种能够为统治阶层及其他社会精英群体所共同接受的意识形态学说，儒家思想可以很好地保证政权上层的稳定。那么君主如何能够取得意识形态上的正统呢？皇帝的政治权威实际上来源于“天”这一万物的主宰，而皇帝是作为“天子”替天统治国家。因此，皇帝之上还有“天”作为一种名义上的终极制约，一旦皇帝有违天道，天就会降下一系列的灾难异变以作警示，即使贵为天子的皇帝也不得不下“罪己诏”检讨自己的问题。因此，想要取得意识形态上的正统，皇帝就要做到顺天而行。

那么如何才能做到顺天而行呢？对于如乾隆皇帝这样已进入“守天下”阶段的皇帝们来说，他们取得皇权合法性的主要途径就是践行儒家学说中的君德，做一个儒家意识形态意义上的“仁君”。从具体的帝国治理层面来讲，做仁君首先要取得政绩，应时刻关注民间百姓的生活，在制定政策时以民为本，“因民之利而利之”[2]，轻徭薄赋，与民生息，同时也严格要求自己，不因私人欲望而对人民施以苛政，做到“民为贵，社稷次之，君为

[2] 张燕婴译注：《论语·尧曰》，中华书局，2006，第 306 页。

轻”[3]。对于皇帝来说，通过施行仁政获得百姓的拥护也是维护皇权的最根本手段，民间社会的稳定实际上也是政权的稳定。也正是从这一点出发，皇帝须对官员实行必要的监督与规制。作为帝国治理的重要组成部分，官员在工作时直接面对百姓，其执行皇帝意志以及处理基层政事的效果直接关系到政权的稳定与发展。

而对于官员来说，面对获得了所谓合法性的皇帝，开始行使其“至高无上”的皇权时，是不是没有什么可回旋的余地呢？儒家经典告诉我们，皇帝在与官员的互动中也不能做到随心所欲，也要遵守君臣关系中的君德。早在春秋时代，孔子就提出：“君使臣以礼，臣事君以忠。”[4]很明显，孔子眼中的君臣关系是一种双向的尊重依存关系，而不是皇帝单向对臣下的使役，官员的忠诚是建立在皇帝以礼相待的基础之上的。孟子继承了孔子对于君臣地位的认识，也主张君臣在人格上是平等的，应相互尊重，“君臣主敬”[5]。在此基础之上，孟子进一步阐明了皇帝与官员都应

---

[3] 万丽华、蓝旭译注：《孟子·尽心下》，中华书局，2006，第324页。

[4] 张燕婴译注：《论语·八佾》，中华书局，2006，第34页。

[5] 万丽华、蓝旭译注：《孟子·公孙丑下》，中华书局，2006，第78页。

有各自所遵循的规则，即君臣之道。孟子的为君之道除了提倡仁爱、施行仁政以外，还有选贤任能的内容。孟子认为“贤者在位，能者在职”[6]是君王欲有所作为的必要条件，道出了官员对于皇帝以及政权的重要性。战国末期的荀子虽然在对皇权的认识上与孔孟之道不同，但他也将君臣视为国家政治实践中不可分割的统一体，两者有各自的分工，同时也强调选贤任能对于君主的重要性，“明主急得其人，而暗主急得其势。急得其人，则身佚而国治，功大而名美，上可以王，下可以霸；不急得其人，而急得其势，则身劳而国乱，功废而名辱，社稷必危”[7]。在这里，荀子显然在告诫君主不能只着眼于自身的权势与地位，而更应用心选择辅佐自己的人选，“德以叙位，能以授官”[8]，做到“其取人有道，其用人有法。取人之道，参之以礼；用人之法，禁之以等。行义动静，度之以礼；知虑取舍，稽之以成；日月积久，校之以功。故卑不得以临尊，轻不得以县重，愚不得以谋知，是以万举而不过也”[9]。也就是说，荀子认为君主在统治中要以礼法和等级制度

---

[6] 万丽华、蓝旭译注：《孟子·公孙丑上》，中华书局，2006，第66页。

[7] 安继民译注：《荀子·君道》，中州古籍出版社，2006，第187页。

[8] 安继民译注：《荀子·致士》，中州古籍出版社，2006，第224页。

[9] 安继民译注：《荀子·君道》，中州古籍出版社，2006，第200页。

对官员进行约束，不能让无德无才之人升至高位掌握权力，而这种针对官员的限制管控与我们所要研究的君臣间的博弈是十分相似的。于至西汉“罢黜百家，独尊儒术”，儒家学说成为皇权统治的官方意识形态，进一步扩大了影响力。尽管董仲舒的“天人感应”学说将君权立于至高无上、不可违抗的地位，但这并不代表臣属完全没有触动皇帝意志的渠道，因为在皇帝之上还有“天意”主宰着万民。所谓天人感应正是通过“以人随君，以君随天”[10]来确立君主统治的合法性。

总的来说，皇帝作为九五之尊尽管拥有无限的权力，但在意识形态层面他仍有一个需要敬畏的“天道”，这是其皇权正统的来源，也是对皇权理论上的限制。而皇帝要想获得统治的合法性，就必须尽力践行儒家对于君主品德的要求，其中既有针对百姓的“仁政”，也有针对官员的“君臣之道”。实际上这两种德行都与政权的稳定息息相关，皇帝想要保住手中的权力就必须尽力实践这些德行，这也是我们所说的造成皇权困境的根本原因。就仁政而言，这意味着君主要减少个人欲望，制定政策时要以民为本，同时要对手下的官员实施监督管控。就君臣之道而言，尽管汉以来作为主导意识形态的儒家学说将皇帝置于无上的地位，在

[10] 曾振宇、傅永聚注：《春秋繁露新注》，商务印书馆，2010，第 20 页。

一定程度上打破了先秦时期孔孟之道中君臣以礼相待、互相扶持的关系，但它自始至终强调官员对于皇帝的重要性。皇帝应选贤任能，以帮助自己治理天下。直至两宋时期，朝廷对地方的控制进一步加强，但宋儒依然主张君臣协作治理国家。南宋大儒朱熹在《经筵留身面陈四事札子》中说："上自人主，以下至于百执事，各有职业，不可相侵。盖君虽以制命为职，然必谋之于大臣（宰相），参之给（给事中）、舍（中书舍人），使之熟议，以求公议之所在，然后扬于王庭，明出命令，而公行之。是以朝廷尊严，命令详审……此古今之常理，亦祖宗之家法也。"[11] 即使是君主专制权力被认为发展到最高峰的明清时期，儒士们的观点依然没有改变。明代理学名臣丘濬在《大学衍义补》卷一《总论朝廷之政》中说："人君……一身之精神有限，耳目之见闻不周，人不能尽识也，事不能尽知也。故必择大臣而信任之，俾其蒐访人才，疏通壅蔽，时加询谋，以求治焉。"[12] 这也与本研究中皇帝在国家治理上依靠官员的论述一致，正是官员对皇权运作产生阻碍的主要原因。在具体的帝国治理中，皇帝为了增强自己的权威合法性，

---

[11] 四部丛刊集部：《晦庵先生朱文公文集》卷十四《经筵留身面陈四事札子》，明嘉靖印本。

[12] 丘濬：《大学衍义补》第一册，中州古籍出版社，1995，第26页。

有时也会尽量达到儒家经典学说中礼遇臣下的要求。贞观之治时期的唐太宗李世民便是其中的一个典范。

贞观之治的争议

至唐太宗登基，中国的皇权统治迎来历史上最为繁荣的时期之一。这一时代背景与我们所研究的康乾盛世颇为相似，因此，贞观之治时期的相关史料，尤其是围绕皇帝与官员之间关系的记载是极具参考价值的。从君臣关系的角度来看，相关史料记载唐太宗在政治上与手下群臣的协作以及在日常交流中对他们的礼遇非常符合传统儒家学说中的相关论述，堪称中国皇权统治历史中君臣和谐关系的“理想型”。

唐太宗统治时期最为全面的记载资料来自唐玄宗时期吴兢所编纂的政制典籍《贞观政要》，当中记载了当时君臣之间关于治国的议论、问答、奏疏等，借此我们可以对唐太宗时期的君臣关系有一个最直观的认识。在亲历隋朝末年的动荡与战争后，唐太宗时刻警惕，避免自己的政权重蹈隋朝的覆辙，经常要求他的臣僚“公等为朕思隋氏灭亡之事”[13]。唐太宗认为：“炀帝意犹不足，

---

[13] 吴兢撰：《贞观政要·政体第二》，北京燕山出版社，1995，第 35 页。

征求无已，兼东西征讨，穷兵黩武，百姓不堪，遂致亡灭。”[14]因此为了保证政权的稳定，首先要安定民众，由此唐太宗制定了“以民为本”的施政方针。唐太宗时常表达自己的敬畏之心：“天高听卑，何得不畏？群公卿士，皆见瞻仰，何得不惧？以此思之，但知常谦常惧，犹恐不称天心及百姓意也。”[15]皇帝所畏惧的，首先是自儒家学说成为统治意识形态之后便一直存在的所谓“天”，它是皇权统治合法性的基础，因此皇帝必须遵循天道行使自己的权力，以免自己的国家发生灾难异变。其次，皇帝也畏惧大臣，因为如果大臣不能尽心帮助自己治理国家，那政权就会有动荡的危险，更有甚者，某些异心的权臣还会想方设法取代自己的统治地位。最后，对民众的畏惧，也是出于维护政权的稳定，一旦民众因不满而聚集成一股不可阻挡的力量，那么政权就有倾覆的危险，这也正是唐太宗力行仁政，以德教民的原因。以民为本的施政方针的贯彻和国家的治理需要靠官员的实践，因此官员的素质是影响治国的重要因素。唐太宗认为：“为政之要，惟在得人，用非其才，必难致治。今所任用，必须以德行、学识为

[14] 吴兢撰：《贞观政要·政体第二》，北京燕山出版社，1995，第 38 页。

[15] 吴兢撰：《贞观政要·谦让第十九》，北京燕山出版社，1995，第 210 页。

本。”[16] 在这里唐太宗强调的德行，实际上也是儒家所说的臣道。有德行的大臣才能行仁政，才能使民间社会处于稳定的状态。官员除了在民本方针的施政中扮演重要角色以外，其本身也决定着政权是否稳定。唐太宗经常将官员与平民放在同一位置上：“朕终日孜孜，非但忧怜百姓，亦欲使卿等长守富贵”[17]，表明官员与平民百姓一样是政权稳定的基础。在吸取众多历史教训后，唐太宗认识到君臣之间的关系的重要性，君主专断和权臣当道都会造成国家的灭亡，只有君臣之间保持一种协调稳定的状态，才能保证政权的长治久安。唐太宗作为皇帝，应该虚心纳谏，不能独断专行，他认为“明主思短而益善，暗主护短而永愚”[18]，国家政事应由君臣共同商议，“朕今志在君臣上下，各尽至公，共相切磋，以成治道”[19]，这种君臣一体为政的做法表明了唐太宗对于大臣的

---

[16] 吴兢撰：《贞观政要·崇儒学第二十七》，北京燕山出版社，1995，第 243 页。

[17] 吴兢撰：《贞观政要·贪鄙第二十六》，北京燕山出版社，1995，第 238 页。

[18] 吴兢撰：《贞观政要·求谏第四》，北京燕山出版社，1995，第 62 页。

[19] 吴兢撰：《贞观政要·求谏第四》，北京燕山出版社，1995，第 63 页。

信任。同时他也时时自省，力行君道，“朕每闲居静坐，则自内省。恒恐上不称天心，下为百姓所怨。但思正人匡谏，欲令耳目外通，下无怨滞。”[20] 当然，唐太宗也强调臣子应该尽臣道，“夫为人臣，当进思尽忠，退思补过，将顺其美，匡救其恶，所以共为治也”[21]，做到君臣之间相互监督。诸多历史教训使唐太宗认识到光靠皇帝一人是无法治理好国家的，一个政权的存续发展必须依靠高素质的官员，因此他将执政的重点首先放在了选择贤良官员上，降低了权臣佞臣破坏政治的概率，而后通过君臣共事的方式节省精力并用在对官员的监督之上。这些论述与之前儒家经典学说中对于官员素质的重视是一脉相承的。正是因为唐太宗能够做到选贤任能、礼遇下士，才使得国家政治清明，从而缔造了皇权统治的盛世。

依照《贞观政要》的记载，贞观时期，皇帝与官员的关系接近于儒家学说所论述之君臣关系的理想状态。在君尊臣卑地位差异的前提下，整个统治集团内部稳定，相互合作，行政效率较

---

[20] 吴兢撰：《贞观政要·求谏第四》，北京燕山出版社，1995，第 65 页。

[21] 吴兢撰：《贞观政要·君道第四》，北京燕山出版社，1995，第 28 页。

高，开创了贞观之治的良好局面。因此我们也将之作为历史中真实存在的参照加以研究。不过，这种君臣关系的状态并没有在整个唐太宗统治时期得以延续，在贞观之治的后期，唐太宗对于民众、官员的态度发生了很大转变，在体恤民情、选贤任能、虚心纳谏等方面比之统治初期出现了倒退。面对自己所开创的贞观之治，唐太宗也产生了骄傲自满之心。不过总体来讲，贞观时期的君臣关系对开创一个清明繁荣的统治时代起到了很大作用，也从一个侧面说明在官僚帝国模式下，皇帝与官员之间的关系对于一个政权的重要性。

尽管在《贞观政要》中，唐太宗统治时期被形容为中国皇权统治时期少有的盛世，同时在君臣关系方面也堪称儒家意识形态层面的理想状态，但在后世的研究中，对于贞观年间的所谓“盛世”，史学研究者提出了各不相同的意见。20 世纪初至 20 世纪 40 年代的史学研究者对于贞观之治多持正面评价，如钱穆认为贞观时期“君臣上下，共同望治，齐一努力之精神，实为中国史籍古今所鲜见”[22]，同时指出“然贞观时代之社会情况，实未必胜于大业……故太宗一朝君臣，每每以有隋相警惕，不敢骄纵荒佚，而成治世”[23]。史学家对于唐太宗时期统治的这种正面评

[22] 钱穆：《国史大纲》，商务印书馆，1994，第 390 页。

[23] 钱穆：《国史大纲》，商务印书馆，1994，第 391 页。

价基于对诸如《贞观政要》这类史料记载的信服之上，邓之诚认为贞观时期“史书不无溢美，然政象清明，可断言也”[24]。而到了20世纪50年代至70年代末，史学界多用唯物史学的观点在肯定隋末农民起义的基础上将贞观时期视为一个封建王朝前期稳定发展的结果，而并不如以往史料那样认为唐太宗的统治时期是中国皇权统治历史上的少有的“治世”。如吕思勉在《隋唐五代史》中就一改以往史书中对于唐太宗的溢美之词：“唐太宗不过中材。论其恭俭之德，及忧深思远之资，实尚不如宋文帝，更无论梁武帝；其武略亦不如梁武帝，更无论宋武帝、陈武帝矣。若高祖与高宗，则尤不足道。其能致三十余年之治平强盛；承季汉、魏、晋、南北朝久乱之后，宇内乍归统一，生民幸获休息；塞外亦无强部；皆时会为之，非尽由于人力也。”[25] 同时，吕思勉还列举了相关史料提出的对贞观之治盛世的质疑：“比见关中、河外，尽置军团，富室强丁，并从戎旅……尽室经营，多不能济。”[26] 也就是说，唐太宗统治下的政权仍处于一种战乱频仍的状态，以往史料中所记载的一派鼎盛局面并不能使人信服。除此之外，如韩国磐认为，尽管贞观时期的统治取得了一定成果，但以贞观十年

[24] 邓之诚：《中华二千年史》卷三，中华书局，1983，第87页。

[25] 吕思勉：《隋唐五代史》，上海古籍出版社，2005，第66页。

[26] 刘昫等撰：《旧唐书》卷二，中华书局，1975，第48页。

（636）为界，在这之前唐太宗统治的政绩斐然，而在这之后的统治状况则大不如前[27]。进入 20 世纪 90 年代后，对于贞观之治的讨论呈现出多元化的局面，而对于所谓“盛世”的质疑也逐渐增多。如陈恩虎认为，唐太宗并没有如史书所记载那样一以贯之地厉行节俭，实际上他也曾大兴土木修建离宫别馆与昭陵，并且爱马喜狩，花销颇多。同时在贞观时期，唐太宗也曾发动数次对外战争，对社会民生造成巨大的影响。最重要的是，尽管在相关史料中一直标榜贞观年间“五谷丰稔”“百姓安乐”，但实际上唐太宗统治时期的农民依旧生活困苦，衣衫褴褛者不绝于市[28]。除此之外，贞观时期全国灾害频生，几乎每年都有严重的水灾、蝗灾甚至疫病，但唐太宗并没有因此休养生息，反而连年征战，征收繁重徭役，对于民众来说，这一时期的生活并不太平富足。另外，这一时期皇帝对于官员纳谏的态度也大打折扣[29]。至于《贞观政要》所述内容，有学者认为过于重言而少于记事，无法完整地

---

[27] 历史研究编辑部编：《唐太宗与贞观之治论集》，陕西人民出版社，1982。

[28] 陈恩虎：《贞观之治的理想色彩及其成因》，《安徽教育学院学报》（哲学社会科学版），1997 年第 1 期，第 16～19 页。

[29] 戚文闯：《“贞观之治”所谓“治世”质疑》，《广东技术师范学院学报》，2016 年第 1 期，第 89～95 页。

反映贞观时期的社会状况[30]，尤其是吴兢写作本书的目的就是在于劝诫唐玄宗能够“克遵太宗之故事，则不假远求上古之术，必致太宗之业”[31]，因此必然会主要论述贞观时期的成功统治经验而少有负面评价。从这一层面来讲，《贞观政要》的史料价值是要大打折扣的，这也是目前质疑贞观之治所谓“统治神话”的学者们的一个主要着眼点。

随着国内史学研究的发展，我们可以看到学者们对于唐太宗统治时期更为多元化的论述，此时再将贞观时期的君臣关系视为一种儒家学说意义上的理想型是不恰当的，而《贞观政要》作为史料的价值也值得商榷。不过需要注意的是，我们对于历史的分析不能从今天的评价体系出发，而应该与邻近的时期进行横向比较。尽管贞观时期的实际状况可能与《贞观政要》以及诸如《新唐书》等史料中的记载有所不同，但与前朝隋政权末期及唐后期安史之乱相对比，唐太宗在位期间仍是这段历史内为数不多的社会稳定与发展时期。就中国两千多年的皇权统治而言，不可能存在一个各方面都完美的统治时代。因此，理应打破贞观之治的神

---

[30] 戚文闯：《“贞观之治”所谓“治世”质疑》，《广东技术师范学院学报》，2016 年第 1 期，第 89～95 页。

[31] 吴兢撰：《贞观政要集校》，谢保成集校，中华书局，2003，第 3 页。

话，不过也不应对其全盘否定。实际上，自然灾害频发、大兴土木、对外战争在各个朝代都有存在，即使在我们所要考察的乾隆统治时期也是如此，这并不能说明贞观时期的统治状况是糟糕的。更为重要的是，对于本研究来说，贞观时期统治的最大意义就是作为历代帝王的史鉴，抑或说作为儒家意识形态中的一个典范（尽管可能事实并非如此），融入统治合法性的要求中。乾隆皇帝在执政时也汲取了史书中贞观时期的统治经验。他非常认同唐太宗的政绩，这也促成了他在早年帝王教育中所形成的个人特质——对于儒家意义上的“仁君”称号十分看重，这使得统治合法性对于皇权的限制作用在乾隆皇帝身上体现得尤其明显。

法家学说中的君臣关系

如果说儒家学说为我们提供了一种理想状态下的君臣关系作为参照，那么处于非统治意识形态的法家学说则直接为我们提供了探究皇帝与官员之间博弈的理论依据。相比于儒家学说所强调的“君以礼待臣，臣以忠事君，君有君道，臣有臣道”这样相对和谐的状态，法家学说中的理想状态下的君臣关系更倾向于一种君主绝对驾驭下的平衡。当然，这种平衡更多的是理想意义上的，因为一般情况下君主在实际的统治中很难取得对臣下的绝对驾驭权。法家学说对于君臣关系的预设带有鲜明的对抗性，即君臣之间是一种互相利用的关系。因此，虽然法家政治思想的根基是君主权力的至高无上，但鉴于双方相互利用的关系，诸如朋党、窃取权力这种“臣犯上”的情况是很有可能出现的。而面对臣犯上这种与法家思想相悖的实际情况，“君制臣”就成为法家学说另一个重要的内容。法家代表人物韩非子对于君臣之间的关系，尤其是皇帝对于官员的控制手段有着较为详细的论述。在韩非子看来，皇帝首先要“明法”，即用各种法律来规范臣下的行为，“使其群臣不游意于法之外，不为惠于法之内，动无非法”[32]。其次，以法律为准绳，用“二柄”来管制群臣，所谓“二柄”指的是赏与罚。韩非子认为皇帝管理官员要有德必赏，有过必罚，用此引导官员遵守皇帝所制定的法律规范。而皇帝管理官员的第三种方式就是“用术”。这里的“术”指的是谋略与诡计，“术者，因任而授官，循名而责实，操杀生之柄，课群臣之能者也。此人主之所执也”[33]。韩非子的观点部分继承了法家代表人物申不害的“术学”思想，即使用各种权谋手段让手下官员听命于自己。但同时韩非子也指出，申不害的术是“有术无法”，完全摒弃了制度化的官员

[32] 张觉校注：《韩非子校注·有度第六》，岳麓书社，2006，第53页。

[33] 张觉校注：《韩非子校注·定法第四十三》，岳麓书社，2006，第573页。

管理体制，而代以个人化的阴谋权术。在韩非子看来，“用术”与“明法”应该双管齐下。参照申不害的学说，韩非子总结出了所谓“七术”，即“一曰众端参观，二曰必罚明威，三曰信赏尽能，四曰一听责下，五曰疑诏诡使，六曰挟知而问，七曰倒言反事”[34]。虽然韩非子并没有具体阐释法与术结合的方式，但在这“七术”中诸如“必罚明威”“信赏尽能”的内容实际上就是来自“明法”基础上的“二柄”，因此韩非子的统治策略还是与申不害的以术治国有所不同的。法家的这种“术”在之后的中国历史中被发扬光大，出现了诸如《罗织经》《厚黑学》等专门论述政治权术的书籍，而在一些通俗的历史读物中也不乏描述各代帝王玩弄权谋的篇章。但这些对帝王谋略描述过于演义化，也只聚焦个案，并没有将之放入一个皇权统治的背景下进行考察。同样地，作为皇帝，面对手下诸多官员，单靠个人玩弄权术很难实现对全体官员的有效控制。即使皇帝自认为能够靠培养亲信来帮助自己管理官员，但这也是“以官治官”的模式。无论这些亲信来自内廷还是外朝，他们都有可能去谋求有利于自己但有损于政权的利益，这些亲信势力的壮大对于朝政绝不是好事，甚至历史上也不乏权臣亲信最终取代原主的情况。因此，皇帝对于官员的控制虽然离不开“术”

---

[34] 张觉校注：《韩非子校注·内储说上七术第三十》，岳麓书社，2006，第 305 页。

的灵活使用，但更需要与一种较为固定的制度，或者如韩非子所说的“明法”相结合，如乾隆皇帝在叫魂妖术案中就将自己的治术与政治罪的机制相结合。法家有关君臣关系以及“用术”的理论将是我们研究皇帝与官员之间关系的重要理论依据，同时我们的研究也将为法家的政治理论提供更为鲜活的案例，在更微观的层面探究统治术与正式制度的结合。

中国的君臣体制

通过以上对儒法两家君臣之道的探讨，结合发生在乾隆三十三年（1768）的案例，我们可以大概勾勒出两淮盐引案发生时清帝国由皇帝和官僚所构成的治理体制。这种体制就是社会学家艾森斯塔得（S.Eisenstadt）在他的《帝国的政治体系》中所提出的“官僚帝国”（historicalbureaucraticempires）体制。从社会分化进步的视角来看，皇权统治时期的中国社会处于缺乏分化的传统社会和高度分化的现代社会之间的官僚帝国阶段。相对于现代社会而言，官僚帝国的公民普遍缺乏公民权利与政治权利，且有较大的政治消极性；而相对于传统社会而言，官僚帝国则具有相对统一的中央集权政权、官僚行政机构和政治斗争机构，这也是官僚帝国最为突出的特点。将这三者串联起来的，是相对激化的政治斗争，这也是我们研究的主要内容。艾森斯塔得将资源作为考察政治斗争的切入点，认为君主的统治必须由资源来维持，而资源的获取必须要倚仗官员，君主与官员之间的关系构成了帝国政治最为核心的部分，两者之外的社会阶层则成为资源汲取地。官员士人能够在一定程度上弥合统治者和平民阶层在目标与取向等方面固有的内部矛盾。他们经常着意阻止统治者制定好大喜功的政策，特别是限制皇帝们无视儒家价值观去建立伴有强烈军事取向的卡里斯玛型（Charisma，也称个人魅力型）合法性政权的努力[35]。官员群体在不懈地阻止那种不以官员和士人为中介的政治参与和对君主个人魅力的直接认同。而对于官僚帝国的统治模式造成最大危害的，就是官僚阶层的贵族化，即官员的出入被少数人把持，造成官僚阶层的固化。官员只顾追逐己利，行政效率低下，此时帝国内部就处于混乱的状态，政权随时有灭亡的危险。这就是我们探讨皇帝在君臣博弈中策略的出发点，也是皇帝极力对官员实施控制的主要原因。对于一个帝国灭亡后的政治走向，艾森斯塔得认为这取决于原有政治体系的分化程度。当官僚阶层和社会平民内部出现更多不同取向的群体开始对资源进行争夺时，就会出现针对政权更为分化的政治目标。这些不同取向的群体会激化原有政权的调节问题，而一旦原有的调节

---

[35] S.N. 艾森斯塔得：《帝国的政治体系》，阎步克译，贵州人民出版社，1984。

机制失灵，那么当政权覆灭时，往往会产生新型的政治制度。反之，则会产生一个与原有政权结构相似的国家，形成一种往复循环的模式。

在《帝国的政治体系》中，艾森斯塔得指出，原有政权出现危机时，最终会造成三种结果，一是被原有的政治体系所调适（即政权最终维持原状），二是整体性地产生新系统（即产生新类型的政权组织形式），三是边缘化的危机，只有破坏性而没有创新性。第三种就是中国皇权统治历史中最常出现的，即一种循环往复的改朝换代，而并没有产生现代性的政治制度。这种现象就是金观涛、刘青峰在《兴盛与危机：论中国社会超稳定结构》中所论述的“超稳定结构”[36]。与艾森斯塔得的官僚帝国模式相似，超稳定结构也具有鲜明的系统功能主义的色彩。超稳定结构的形成，主要是由于地主经济、官僚政治、儒家意识形态三个系统相互耦合，国家使用强控制来维持三个系统之间的协调，使得皇权统治形成了一种自上至下的一体性。每当一个王朝崩溃时，农民起义或武装动乱就会扫清原有的腐朽政权与新结构的萌芽。为了尽快实现政治稳定，新的政权会按照之前一体性结构进行重建，从而形成一种循环往复的超稳定结构。在这里，官僚阶

[36] 金观涛、刘青峰：《兴盛与危机：论中国社会超稳定结构》，法律出版社，2011。

层除了作为国家强控制的施行者以外，更是儒家意识形态的传导者，儒生与官员的双重身份使官员在日常活动中充当了统治意识形态的维系者，充当了政权一体性的建构者。同时，官僚阶层在导致王朝崩溃的无组织力量中也扮演了重要的角色：正是官员的腐败使得统治集团的变法毫无作用，而贪官污吏对民间的巧取豪夺则造成了农民起义的发生。这种无组织力量是官员追求自身利益的表现，也是皇帝在统治中所要竭力避免并与之博弈的。超稳定结构梳理了中国皇权统治维持稳定与发展的机制，同时也体现了官僚阶层在整个三系统耦合机制中所扮演的重要角色。

德国社会学家马克斯·韦伯与中国学者王亚南在各自的著作中也提到了与官僚帝国概念类似的君臣体制。在《中国的宗教：儒教与道教》一书中，韦伯将中国的官僚体制称为“家产官僚制”，官员依靠幕僚、吏使和士绅实现对地方的管理，收取税费上缴中央、支付手下工资并留取部分自用[37]。这是一个“坐食者”阶层，靠官职俸禄与租税敛财。这必然会使官员与中央产生利益分歧。中央任何关于赋税的变动都会触动地方官员的利益，在这一点上官员与地方氏族是站在同一条战线上的。换句话说，在韦伯看来，官员更容易与下层阶级结成利益同盟，而他们与中央政

[37] 马克斯·韦伯：《中国的宗教：儒教与道教》，康乐、简惠美译，广西师范大学出版社，2010。

府的冲突是很难调和的。中国学者王亚南在《中国官僚政治研究》中则主要采用了马克思主义的范式对中国官僚制度进行了分析[38]。他认为，中国官僚制度首先是建立在封建土地所有制上的，是由封建经济基础所决定的上层建筑。与韦伯的看法相反，王亚南认为官员以剥削下层农民来维持运转，官员与下层阶级之间存在着不可调和的矛盾。官员这一阶层的存在限制了资本流动，使得中国社会的发展完全停滞而没有进入资本主义阶段。他同时认为，帝王的权力不能脱离官僚制度而存在，所以一个合格的帝王需要合理地分配好统治阶级内部的利益。

尽管各位学者的理论有各自的视角与侧重点，但经过梳理之后的官僚帝国概念比较符合我们在乾隆三十三年（1768）发生的事件中所观察到的君臣体制，即皇帝与官员之间所呈现的是一种既联系又冲突的关系。简单来说，在获得了合法性的前提下，皇帝的权力确实非常大，但想要控制一个幅员辽阔的帝国，皇帝就必须借助官员群体的力量。皇权的行使仰仗于政权的稳定，而政权的稳定则需依靠官员们的治理。官员们靠朝廷的俸禄以及政权所赋予的行政权力过活，自然也要忠诚于皇帝。但在具体的帝国治理情境中，皇帝要不时地消除官员们消极懈怠的态度，提高行政效率，保证自己的意志得到贯彻，同时还要杜绝官员们为一己

---

[38] 王亚南：《中国官僚政治研究》，商务印书馆，2010。

私利做出有损自己江山社稷的行为。官员们则要在既有君臣体制下尽可能地为自己争取利益，同时还要阻止皇帝的好大喜功，劝诫皇帝恣意妄为的行事风格。而横亘于两者之间的，则是以儒家意识形态为主体的君臣之道，使得双方在互动时要遵守一定的规则，尤其是寻求权力合法性的皇帝。因此，皇帝与官员在互动过程中，必须要有策略地使用手中的资源，来达成各自的目的。

第三章　乾隆皇帝及其时代

当我们试图通过某段皇权统治时期的孤立事件来探讨贯穿于整个皇权统治时期的议题时，首先需要回答的一个问题是，这一探讨是否过于注重单一事件的主导性，而忽略了事件背景上的契合度与典型性。具体来讲，就是我们所聚焦的这一桩盐政贪污案的背景，其所涉及的各方政治势力是否能够作为研究皇帝与官员间博弈的一个合格的样本，是否符合我们所要探讨的君臣关系的一系列基本条件。因此，我们有必要回溯一下乾隆皇帝统治的时代，这不仅仅是为了说明我们所选取事件的典型性，通过对于乾隆时代统治，尤其是乾隆皇帝个人特质的分析，我们还可以寻找到引发这桩案件以及背后一 系列事件的蛛丝马迹。

天选之子

康熙五十年（1711）辛卯，八月十三日子时，雍亲王胤禛的格格[1]钮祜禄氏在雍王邸（后改为雍和宫）诞下一子。对于雍亲王胤禛来说，这个男孩儿的诞生是一件天大的喜事，不仅皇家的血脉得以延续，而且多添的这一子能为自己在皇位争夺战中增加获胜的筹码。这位刚出生的男孩儿按理应该是胤禛的第五个儿子，但由于齐妃李氏所生的皇子弘盼未满两周岁便早夭，未曾序齿排班，所以他便成为胤禛的第四子。而之所以说这个第四子的出生对于胤禛争夺皇位有着重要的意义，是因为在他出生时，胤禛仅有八岁的三子弘时在身边，而之前出生的几个儿子均未到成年便殇逝。贵为亲王的胤禛仅有一子未免单薄，这个孩子的出生无疑缓解了他在这方面的忧虑。此时正值皇位争夺战进入白热化的阶段，之前康熙皇帝废掉的太子胤礽虽被复立，但秉性未改，其皇储地位岌岌可危[2]，此时胤禛为康熙皇帝添了一位皇孙，自然能博得父皇些许欢心。

按照皇室的排字，雍亲王胤禛的这个孩子取名弘历，他就是后来的乾隆皇帝。乾隆皇帝在位六十年，再加上三年的太上皇时

---

[1] 在清代，格格的称谓除了指皇族的女儿以外，有时也用于称呼亲王的低阶妾。

[2] 事实上，在弘历出生后的第二年即康熙五十一年（1712），太子胤礽再度被康熙皇帝以罪废黜，禁锢于咸安宫，自此退出了皇位的争夺。

期，实际执政时间长达六十三年，是中国皇权统治历史上实际执掌国家最高权力时间最长的皇帝，占整个清朝统治时间的近四分之一。就其统治时间在整个清朝统治所占的比例来看，乾隆皇帝无疑是所有清朝皇帝中最值得研究的一位。在如此长的时间里，乾隆皇帝的执政特质必定会对整个清朝的统治产生巨大的影响。

乾隆皇帝是一位非常聪明同时十分有抱负的皇帝，他对于权力的渴望十分强烈，不时也表现出非常自负的一面。同时，乾隆皇帝也是一位十分有个性的皇帝，这种个性也影响了他在与官员争夺权力的博弈中所采取的手段和策略。而乾隆皇帝这些个人特质是与他的成长经历息息相关的。

如果用一个词来形容登基前的弘历，那可能就是“天选之子”了，这还要从他的母亲钮祜禄氏谈起。与在文艺作品中被我们所熟知的甄嬛不同，作为其原型的钮祜禄氏，虽然其氏族是满洲八大贵族之一，但她的那一支并非出身显贵。实际上，钮祜禄氏的曾祖父额亦腾和祖父吴禄都是一介白丁，而钮祜禄氏的父亲也只是一位四品典仪官员，而且这四品典仪官的闲职，也很有可能是在钮祜禄氏被封了熹妃之后才被恩赏的。钮祜禄氏入雍亲王宅邸时没有任何名号，她的格格身份一直保持了二十年，直到雍正即位才给了她一个熹妃的正式名分，而在这之前钮祜禄氏早已诞下弘历，显然添男丁并未使钮祜禄氏母以子贵。满语中的“格格”是姐姐的意思，这对于一位入侍亲王府的女眷来说显然不是什么高贵的称谓，钮祜禄氏被叫了二十年的格格，反映出她出身的寒微。但正是她出身的寒微，却为乾隆皇帝的成长提供了最为宝贵的条件。

实际上，出身富贵世家的嫔妃很少有强健的身体，因此也不能给后代良好的遗传，而家境的落魄与早年生活的困苦造就了钮祜禄氏强健的体魄。母亲的身体素质对于后代的影响还是不容忽视的，至少就乾隆皇帝来说，这种影响显而易见——孝圣宪皇后钮祜禄氏与她的儿子乾隆皇帝都活了八十多岁。

母亲的遗传基因给了乾隆皇帝得天独厚的条件。正如之前所说，在钮祜禄氏生下弘历之前，雍亲王已得四子，但其中三子皆过早夭折，弘历出生时只有八岁的三子弘时在雍亲王身边。在雍亲王，即后来的雍正皇帝所得的十个皇子中，只有弘时、弘历、弘昼、弘瞻四位皇子活过了成年，其中弘时卒于雍正五年(1727)，年仅二十四岁，最小的儿子弘瞻在乾隆三年（1738）被过继给叔父允礼（胤礼），卒于乾隆三十年（1765），时年三十三岁。也就是说，在乾隆皇帝的众多兄弟中，只有弘昼算是比较长寿的，活了五十八岁。实际上当雍正皇帝立储时，能与弘历争夺皇位的只有他的弟弟弘昼。来自母亲强健体魄的遗传为弘历的继位扫清了第一个障碍。除了健康的体魄，父母还赋予弘历出众的外表气质。官方记载中将乾隆皇帝的相貌描述为“生而天挺奇表。殊庭方广，隆准颀身，发音铿洪，举步岳重，规度恢远，嶷然拔萃”[3]。尽管官修史料中对于历代皇帝的相貌评价都不可能差，但乾隆皇帝的相貌气质确实有过人之处，这对他后来顺利登上皇位起到了很大的帮助。

康熙六十一年（1722）春，雍亲王胤禛的私园圆明园牡丹盛开，他特意恭请父皇来园观花。借此机会，胤禛向康熙皇帝引见了自己的儿子弘历。此时弘历已年满十二岁，长得眉清目秀，身材颀长，步履稳重，谈吐大方，声音洪亮悦耳。正是这出众的外表与气质使康熙皇帝一下子就喜爱上了这个皇孙，当即决定将弘历带回宫中“养育规视”。此后的半年时间里，弘历随康熙皇帝进驻热河，祖孙形影不离，无论康熙皇帝读书写字，批答章奏，还是接见官员，用膳设宴，弘历都相伴左右，甚至康熙皇帝与官员讨论国家大事时，弘历都无须回避[4]。随着祖孙二人相处时间的增加，弘历的才智过人、文武双全愈加讨得康熙皇帝的欢心，康熙皇帝也愈加疼爱这个皇孙。一日，康熙皇帝御舟停泊晴碧亭，在船上呼唤远处的弘历。弘历应声从岩壁满布的山坡直接跳下，吓得康熙皇帝心惊肉跳，直叫：“勿疾行，恐致蹉跌！”直到弘历安全登上御舟，康熙皇帝才松了一口气。康熙皇帝对于皇孙的

---

[3]《清实录·乾隆朝》，中华书局，2008。

[4]《御制文二集》卷一二《避暑山庄纪恩堂记》，乾隆二十九年武英殿刻本。

喜爱甚至到了爱屋及乌的程度。一次，康熙皇帝携弘历临幸狮子园，特意传见了弘历的生母钮祜禄氏。老皇帝端详许久，连声称赞“果是有福之人”。甚至在雍正皇帝即位一个月时，来自朝鲜的使臣听到了一种说法，并将其记入朝鲜的史书中，说的是康熙皇帝病危的时候对阁老马齐留下遗言：“第四子雍亲王胤禛最贤，我死后立为嗣皇。胤禛第二子有英雄气象，必封为太子。”[5]

当然，这种康熙皇帝“隔代指定储君”，甚至说“因宠爱弘历而传位胤禛”的说法并不可信。毕竟年迈的皇帝疼爱隔辈人并不是什么奇怪的事情，而且弘历陪伴康熙皇帝的时间并不长，只有半年。论宠爱的程度，自幼就被养育在康熙皇帝身边的废太子胤礽的儿子，同时也是皇长孙的弘皙显然更受康熙皇帝喜爱。对于康熙这样一位颇有作为的皇帝，我们也很难相信他会只看重隔代继承人的素质而盲目指定皇子接班人。况且朝鲜使者听到传闻恰逢雍正皇帝刚刚登基，这也有可能是雍正皇帝为证明自己继位合法性而制造的舆论。

但不可否认的是，康熙皇帝的关爱对于弘历有着重要的意义，它为弘历提供了深厚的政治资本。这一点在弘历早年付梓

---

[5]《李朝实录·景宗实录卷十》，二年十二月戊辰条。因弘晖、弘昐、弘昀早逝，所以朝鲜使臣误以为弘历是雍正皇帝的第二子。

的诗集《乐善堂文钞》中得到了体现。乐善堂是弘历的书斋名字，而《乐善堂文钞》是弘历二十岁时，将他十四岁以来的诗文挑选出一部分辑成的。在自序中，弘历说他刊刻《乐善堂文钞》的目的是“言顾行，行顾言”，时常检视自己的言行。但实际上，弘历刊刻这部文钞的目的绝非如此单纯。在《乐善堂文钞》付梓时，弘历请了十四个人为他作序，其中有庄亲王允禄，果亲王允礼，平郡王福彭，大学士鄂尔泰、张廷玉，左都御史朱轼以及在当时士林中颇有影响力的官员蔡世远、邵基等人，还有自己的弟弟弘昼。从身份上来看，这些作序的人上到皇族亲王，下到中层官员，基本包括了统治集团各阶层的中坚力量。而这些人的序言，清一色地对弘历一片赞誉，甚至出现了诸如“天授之才”“进德修业之功，得而窥其所至”这样的言语[6]，似乎未来的天子已经在这些序言中呼之欲出了。从这里我们可以看出，弘历刊刻这部文钞的目的完全是为推动自己登上皇位而在统治集团中制造舆论。其中最值得关注的是弘历的弟弟弘昼，他在序言中公开表示自己在才能方面与弘历相差甚远：“弟之视兄，虽所处则同，而会心有深浅，气力有厚薄，属辞有

---

[6] 刘野编：《钦定四库全书荟要·御制乐善堂全集定本·庚戌年原序》，吉林出版集团有限责任公司，2005。

工拙，未敢同年而语也。”[7]同时弘昼还特别提到康熙皇帝对于哥哥弘历的喜爱：“及皇祖见爱，养育宫中，恪慎温恭。”[8]实际上，弘昼是唯一一个能与弘历竞争皇位的皇子，而从这序言来看，弘昼认为无论从学识能力、为人气度，还是受皇祖的喜爱程度上来看，自己都无法与哥哥弘历匹敌。弘历自己在《乐善堂文钞》中也多次提到康熙皇帝对自己的宠爱。比如他提到皇祖曾赐他“长幅一，横幅一，扇一”，提到皇祖对自己的“恩宠迥异他人”[9]。在这里，康熙皇帝的宠爱成为弘历通向皇位重要的台阶。这种隔辈人的厚爱也对弘历这代皇位传接的直接决策人雍正皇帝产生了影响，正如之前所提到的，在雍正皇帝刚继位时，就有康熙皇帝隔代指定接班人的传言，无论这个传言真实与否，康熙皇帝对于弘历的关注给了刚刚登基的雍正皇帝一个巩固自己统治合法性的机会。对于历经腥风血雨争夺皇位的雍正皇帝来说，即使做一个权力的过渡者也好过被舆论评价为“夺权篡

[7] 刘野编：《钦定四库全书荟要·御制乐善堂全集定本·庚戌年原序》，吉林出版集团有限责任公司，2005。

[8] 刘野编：《钦定四库全书荟要·御制乐善堂全集定本·庚戌年原序》，吉林出版集团有限责任公司，2005。

[9] 刘野编：《钦定四库全书荟要·御制乐善堂全集定本·皇族圣祖仁皇帝恩赐御书记》，吉林出版集团有限责任公司，2005。

位者”。当自己的统治逐渐稳定后，相对地，雍正皇帝对于接班人的选择也或多或少会考虑到已经存在的舆论基础。

纵观康雍乾三代皇帝的登基与亲政的过程，乾隆皇帝的即位无疑是最波澜不惊的。乾隆皇帝的祖父康熙皇帝，年仅八岁便登上皇位，由顺治皇帝遗诏中指派的索尼、苏克萨哈、遏必隆、鳌拜四位大臣辅政。而到康熙六年（1667）康熙皇帝亲政时，四位辅政大臣中，索尼已经去世，苏克萨哈被鳌拜擅杀，只剩下鳌拜和遏必隆两位大臣相互勾结，实际上政局已不受康熙皇帝掌控。这种情形在鳌拜除掉另一位辅政大臣苏克萨哈时就已显露无遗。当鳌拜构陷“不欲归政”的大逆罪名，欲将苏克萨哈集团一干人等处死时，康熙皇帝早已看出鳌拜的意图，而并没有准奏，然而鳌拜竟“攘臂上前，强奏累日”[10]，康熙皇帝最终不得不同意“苏克萨哈处绞，余悉如议”。此时的鳌拜已权倾朝野，完全不把康熙皇帝放在眼里。直到康熙八年（1669），康熙皇帝才通过一次近似宫廷政变的行动将鳌拜扳倒，过程不可谓不艰难。而雍正皇帝的皇位争夺战更是激烈无比。二阿哥胤礽早早地被册立为皇太子，致使各色人等围绕太子形成了小集团，并日益壮大。此时部分关于太子行为败坏的言论传到康熙皇帝的耳中，这些虚虚实实

---

[10] 赵尔巽等撰：《清史稿》卷二百四十九《列传三十六》，中华书局，1976。

的传言以及围绕着太子日渐形成的政治力量让康熙皇帝感到危机。但太子丝毫未有收敛，父子之间的矛盾最终于康熙四十七年（1708）九月爆发，康熙皇帝当着众多大臣的面，宣布废除胤礽的太子身份。胤礽被废掉后，其他皇子立刻各自结党展开了对皇位的争夺，形成了“九子夺嫡”的局面。一时间宫廷内风声鹤唳，各皇子派系之间相互倾轧，甚至出现了胤禩勾结胤禔谋害废太子胤礽的事件。在清查胤禩集团后，康熙皇帝意识到皇子间的夺位之争对于政权的危害，于是复立废太子胤礽。但胤礽被复立后并没有吸取教训，反而加紧网罗党羽，搅动朝政，密谋起事。太子的逼宫之心很快被康熙皇帝所注意，康熙五十一年（1712），康熙皇帝再度罢黜了胤礽并自此不再立太子。此后与废太子颇有瓜葛的三阿哥胤祉主动退出了皇位争斗，而八阿哥胤禩、九阿哥胤禟、十阿哥胤䄉则倒向了十四阿哥胤禵一方。这位十四阿哥算是康熙皇帝晚年颇为器重的皇子之一，曾被任命为抚远大将军进军青海，讨伐叛乱，受到朝野上下一致看好。此时，一直潜伏伺机而动的四阿哥雍亲王胤禛开始积极活动起来。两个集团针锋相对，最终，雍亲王胤禛在谋士戴铎、川陕总督年羹尧和京师警卫统领隆科多的协助下，得到了父皇的垂青，康熙皇帝在遗诏中将皇位传给了皇四子胤禛。胤禛在登基成为雍正皇帝后，为了巩固自己的统治而对兄弟宗室采取了一系列惩治手段，包括继续监禁大哥允禔、二哥允礽，将八弟允禩、九弟允禟削籍禁锢，侮辱折磨致死。三哥允祉、十弟允䄉、十四弟允禵也被囚禁。宗室中因不服统治等罪状被杀被关、夺爵削籍、抄家流放的不计其数。这种兄弟相残、家庭破灭的斗争使社会上流言不断，对雍正皇帝的政治声誉也造成了损害。在吸取了康熙皇帝诸皇子争夺皇位的教训后，雍正皇帝创立了秘密立储制度，即在皇帝生前不公开继承人，而将继位人选的名字封入密匣中，待皇帝驾崩后再由主事大臣当众宣布，从而避免了因争夺皇位而引发的诸多事端。乾隆皇帝就是实行秘密立储制度后首个被选定的皇位继承人。

但实际上雍正皇帝的这次秘密立储是毫无秘密可言的，因为当雍正皇帝的统治逐渐稳定后，朝野上下都已经能够猜到谁将成为雍正皇帝的接班人。正如之前所提到的，雍正皇帝的十个儿子中，只有四个活到了成年，即弘时、弘历、弘昼、弘瞻。而在雍正皇帝即位时，最小的儿子弘瞻还没有出生，甚至当乾隆皇帝登基时，弘瞻也才三岁。乾隆三年（1738），乾隆皇帝将这位年幼的弟弟过继给了果亲王允礼，以便无子的允礼之爵位能够被承袭。能够继承皇位的，只能是弘时、弘历、弘昼其中之一。三皇子弘时在雍正皇帝登基时已近成年，是三个皇子中最年长的，且生母李氏系雍正皇帝做亲王时的侧福晋，名分较高，按理说是立储的首位人选。但在雍正皇帝即位后，弘时与父亲之间的关系急速恶化，雍正四年（1726）他被过继给了允禩，次年又被削除宗籍，同年去世，年仅二十四岁。弘昼年纪与弘历相仿，早年与弘历一起接受教育，两兄弟感情深厚。而雍正皇帝对待弘历与弘昼也一视同仁，两人政治和生活待遇相同，受封爵位同等，也都经常被指派执行重要的祭祀活动，一起参与苗疆事务的讨论和决策。两个儿子无差别的待遇显然是雍正皇帝在力图掩盖自己的真正属意，以免朝廷像康熙皇帝在位时因预立太子而出现势力集团，但实际上两位皇子之中谁能成为继承人早已不是秘密。相比于弟弟弘昼，弘历各方面有着极大的优势。比如康熙皇帝对于弘历的喜爱，以及弘历被祖父养育宫中的经历都是弘昼所没有的政治资本。另外，弘历资质聪颖，两兄弟在幼年读书时，弘历很快就能将所学课程熟记背诵，而弘昼则比较迟钝，功课总是落在后面。后来乾隆皇帝回忆这段经历："余幼时，日所授书，每易成诵，课常早毕。……吾弟和亲王资性稍钝，日课恒落后。先生则曰：'弟在书斋，兄岂可不留以待之。'复令予加课，俟其既毕，同散……"[11]正如我们之前所提到的，在弘历自己刊印的《乐善堂文钞》的序言中，弘昼也表达了自己与哥哥之间的差距。我们可以说这是乾隆皇帝在登基后的自夸，也可以说是弘昼自觉退出皇位争夺的表态，但两位皇子的天赋资质无疑是雍正皇帝选择继承人的重要参考，最终弘历登上了皇位，从某种意义上也说明了

[11]《钦定四库全书·集部·御制诗四集》卷五八《怀旧诗·龙翰福先生》，未出版古籍刻本。

上述记载反映了一定的实情。

当然，将弘历推上皇帝宝座的还是他的父亲雍正皇帝。雍正元年（1723）初，春耕将举，雍正皇帝首次前往天坛大飨殿举行隆重的祈谷大典。这一天正是所谓的“上辛日”[12]。雍正皇帝参加完祭典回宫，将弘历召到养心殿，“以肉一脔赐食，而和亲王未与也”[13]。弘历当时吃后觉得味道不错，却不知是什么肉，同时也奇怪为什么父皇单单只叫自己来吃肉，而雍正皇帝也未做明谕。同年年底，康熙皇帝逝世一周年，按理雍正皇帝应亲自前往景陵祭拜，但他却命儿子弘历代自己前去。从这些行为中我们可以知道，雍正皇帝早在即位之初就已经确定了弘历的接班人身份。如此一来，三皇子弘时的结局就很好理解了，在经历了激烈的皇位争夺战后，雍正皇帝对于皇子间的争权夺利是十分警惕的，自恃资历更高的弘时面对弟弟弘历的得势，难免会产生争斗之心，而这就注定了他被雍正皇帝清洗的命运。对于雍正皇帝来说，为了不让弘历重蹈覆辙，任何阻碍弘历接班的因素都必须无条件地被清理掉。

---

[12] 农历每个月的第一个辛日，这里特指正月第一个辛日，即全年的第一个辛日，为帝王祈求丰年之日。

[13]《钦定四库全书·集部·御制诗五集》卷九三《洪范九五福之五日考终命联句》，未出版古籍刻本。

雍正十三年（1735）八月二十三日凌晨，雍正皇帝驾崩。根据雍正皇帝生前所定的立储密旨，四皇子宝亲王弘历在八月二十三日当天继位，定年号为乾隆，从此开始了其长达六十三年的统治。乾隆皇帝继位时的年龄是二十五岁，正值人生的黄金时期，既不会因年幼而被辅政大臣把持朝政，也不会因为年老体衰而只会守成，缺乏政治进取心。从雍正皇帝驾崩到乾隆皇帝继位，这一过程中间没有出现任何波折，可以说是自清朝建立以来最为平稳的一次政权交接。对于弘历从呱呱坠地到登上皇位的这段经历，我们可以用一帆风顺来形容，仿佛弘历从一出生就注定了他将成为大清王朝的皇帝。

幼年时期及青少年时期无疑是影响个体性格、行为模式、思维方式形成的最重要的阶段。那么这种完美的、一帆风顺的成长经历会对乾隆皇帝之后的执政产生怎样的影响呢?

一方面，在多种客观因素所塑造的堪称完美的登基过程之外，我们也应该看到弘历自身对于机遇的把握。具体来说，在作为皇子的这段时期里，弘历并没有像康熙皇帝的皇子们那样去网罗自己的党羽，形成围绕着自己的政治集团。尽管知道自己有很大希望被选为皇位的继承人，弘历并没有像皇叔胤礽那样锋芒毕露以至于引起父皇的警惕，而是选择了更为巧妙的办法来巩固自己的政治地位。弘历刊印《乐善堂文钞》的意义显而易见，这部诗文集看似只是弘历对于自己青少年成长经历的一个回顾与记录，但正如我们之前所说的，这部文集中一些回忆性的文字都是在讲述皇祖和父皇对于自己的种种恩典，这无疑是在向世人展示自己的政治资本。而邀请一众皇族和大臣为自己的诗文集作序，则是不露痕迹地拉拢了各方政治力量，确立了自己潜在的权威地位。尤其是弟弟弘昼的序言，堪称一篇退出皇位争夺的声明。弘历在登基前的这段时间里所采取的是韬光养晦的策略，他很巧妙地隐藏了自己的锋芒，同时也树立起了自己作为接班人的权威。从这一时期的表现来看，弘历是一个懂得灵活变通的人，即使自己在皇位的争夺中处于一个非常有利的地位，他仍然能戒骄戒躁，可以说是非常有政治头脑的。同时，这种韬光养晦的策略也体现了弘历的警惕性与危机感，父辈们的经历使他知道，在登上皇位之前，自己的继承人地位永远是不稳固的，他必须维持一个良好的皇子形象来讨得雍正皇帝的欢心。

但另一方面，成长过程中的一帆风顺也不可能不对弘历的性格造成影响。试想，一位皇子在成长过程中几乎没有经受过大的挫折，并且在一些诸如身体健康、天赋资质、学识才能等基础条件上大大胜出其他皇位竞争者，之后又顺理成章地登上了皇位，那么他就会不可避免地形成自负的性格。在登基之后，这种自负的性格又与无上的皇权相勾连而被进一步放大。因此，在乾隆皇帝后来的执政过程中，我们可以看到他在行事风格上是非常固执的，早年学习的经历使乾隆皇帝对于自己的治国才能和执政水平充满自信，他总是相信自己所作出的决策是正确的。而有了这样的一种信念之后，乾隆皇帝就想尽可能多地去亲自处理各项政事，他认为只有这样才能保证决策的正确性，才能维持政权的稳定，而将治国重担交给水平参差不齐的官员显然是有风险的。从这一点上我们也看到了乾隆皇帝一直保持的危机感与警惕性，在登基之前，乾隆皇帝关注的是自己父皇的态度，而在登基之后，乾隆皇帝所警惕的则是手下官员。依循清朝惯例，所有官员分发上任之前都要入宫觐见皇帝。对于乾隆皇帝来说，这种觐见并不是一种集体跪拜、谢主隆恩的空头仪式，作为皇帝的他会尽可能地与每位官员进行交流，然后撰写评语交予其上司以作参考[14]。这种看起来大费周章的做法一方面反映了乾隆皇帝对于自己能够胜任细致庞杂事务的自信，另一方面也表明他对于手下官员管理水平的担忧。尤其是就现存的皇帝评语[15]的表述来看，乾隆皇帝最为看重的为官品质是稳重、真诚与坚守原则，而不是聪明才智，这就表明了乾隆皇帝不需要太过于聪明而有主见的官员，而喜欢能踏踏实实执行自己意志的官员，至于宏观层面的决策他认

---

[14] 赵之恒、牛耕、巴图主编：《大清十朝圣训》第九十五卷，北京燕山出版社，1998。

[15]《朱批奏折·内政·职官》第 63～65 箱，乾隆四十五年，中国第一历史档案馆藏。

为应该由自己这样具有较高执政水平的人来做。乾隆皇帝尤其厌恶有小聪明的官员，因为这样的官员往往会用各种手段隐瞒自己品德上的缺陷，而品行不端的官员对于政权无疑是有害的。一个自视甚高的皇帝，可能最为痛恨的就是官员对自己的欺骗，因为这些官员不仅违背了皇帝的意志，而且还令最高统治者引以为傲的治国才能蒙羞。但官员为了实现个体的利益必然会产生对于上级甚至皇帝的欺瞒，尤其是像弘历这样力求事事亲为的皇帝，会对官员造成更多的干涉，也会引发更多的冲突。

至高的皇权无疑可以将乾隆皇帝的自负性格放至最大，但我们也不能忘记他在登基之前所采取的韬光养晦的策略。乾隆皇帝更像是一个矛盾的集合体，他会根据自己对于现有形势的判断而灵活地采取不同的策略，这些策略在各自取向上有可能是矛盾的，也有可能违背他的个体性格特质。

另外值得一提的是，尽管乾隆皇帝采取了更大程度的权力独揽，但这种“乾纲独断”并没有导致清朝政权出现动荡，也没有使整个社会出现断崖式的崩溃，反而将国家带入一个盛世，说明乾隆皇帝的集权统治与一般意义上的独断专行有所不同。这种不同一方面来源于乾隆皇帝自身出色的素质，他的执政水平能够应对庞杂的政事，所作出的决策也比较合理，这是其他资质低下、昏庸无能的皇帝所不能比拟的。而另一方面，在不同的情境下，乾隆皇帝会更为灵活地使用手中的权力，这种灵活性除了与乾隆皇帝的个性有关之外，还受到清朝政权的特殊性以及乾隆皇帝早年所受教育的影响。

博学之君

正如之前提到的，乾隆皇帝在做皇子的时候接受了系统的帝王教育，并凭借优异的资质取得了不错的成绩。事实上，乾隆皇帝也是清朝诸多皇帝中最为博学与喜好风雅的。乾隆皇帝主持编纂了中国历史上规模最大的官修丛书——《四库全书》，这套丛书从编纂到初稿完成花了八年时间，共 7.9 万卷，3.6 万册，约 8 亿字，收书 3460 余种，存目 6700 种，可谓工程浩大。尽管在编纂过程中官方通过向民间征缴的方式销毁了一大批不符合清朝统治意识形态的书籍而成为另一种形式的“文字狱”，但如果乾隆皇帝未曾接触过各类典籍，也未有集天下之文、成百全之书的宏伟愿望的话，就不会花如此大的人力物力去汇编这样一套百科全书式的书丛。

乾隆皇帝也是一位颇有艺术造诣的统治者，书法绘画均有涉猎。他曾经与几位当时著名的画家分别绘出苏州寒山、西苑中南海、避暑山庄和盘山行宫的雪景，并将各自的画作共同收藏，每到一处景点，就一起展卷，将其余三处的景色也收入眼底。乾隆皇帝敢于同当时的著名画家比肩作画，并能将画作放在一起共同欣赏，至少他对于自己的绘画水平还是颇为自信的，而且就此推断乾隆皇帝的绘画水平也不至于和其他名画家相差太远。乾隆皇帝在书法上也很用功，就现存的墨迹来看，他的书法风格方圆兼备、结构稳重、刚柔相济，而且行书、楷书、草书皆精通。除了书画以外，乾隆皇帝还主导了京师的城市建设，根据他游历各地的经历以及对建筑园林的研究，乾隆皇帝将宫廷建筑模式与江南园林风格相结合，强调建筑形式与实际用途相适应。在乾隆皇帝的主导之下，以长春园、万寿山清漪园等为代表的一批皇家园林陆续兴建。值得一提的是，这些皇家园林不仅吸收了全国各地建筑的特色，还引入了西方建筑的设计风格，如位于长春园北部的西洋楼就是一座典型的巴洛克式的建筑，露台、拱门、喷泉、水池一应俱全，极具异国特色。乾隆皇帝对于自身艺术造诣的认知是自负的，但不得不说作为一位政务繁忙的帝国最高统治者，乾隆皇帝确实是位全才。他能够吸取接受不同艺术流派的风格和特征，并将它们化为自己的观点。他尤其强调艺术的实用性，这一点对于一位锦衣玉食的皇帝来说难能可贵，也能从一个侧面体现出乾隆皇帝经世致用的执政风格。

乾隆皇帝还是一位不折不扣的“高产诗人”。乾隆皇帝的御制诗集共五集，434 卷，收录了他在位六十余年所写的诗歌共计 41800 首。以现存的数量来衡量，乾隆皇帝是中国历史上创作诗歌最多的诗人。康熙年间编印的《全唐诗》收录了唐代三百年间2200多位诗人的作品，但也只有4.9万首左右，而乾隆皇帝一个人的诗作数量就已经能与整个唐代的诗作数量相比拟了。当然，说这些诗完全由乾隆皇帝一人所作是不太可能，毕竟以六十年的时间计算，平均下来乾隆皇帝一天至少要写两首诗，比照他事事亲为的执政风格，确实不一定每天都有时间吟诗作对。实际上有相当一部分的诗并不是他亲自所作，而是由臣下代笔。有时皇帝有了雅兴，随口吟上两句，不能成篇，就由臣下补完全篇。如著名诗人、历史学家赵翼就曾为皇帝代笔撰诗，而军机大臣汪由敦平日里也负责代皇帝具草寻常碑文[16]。客观来讲，作为一位日理万机的帝国最高统治者，乾隆皇帝显然没有太多时间与精力去钻研赋诗的技巧，尤其是他的诗歌中总想表现自己的文韬武略与勤政爱民，所以诗风矫揉造作，说教意味较浓，算不得上乘水平。不过能够写出如此多合乎规章、文辞尚可、音律恰合的诗歌，也说明乾隆皇帝在早年接受教育时打下了诗文创作方面的坚实功底。同时，乾隆皇帝的诗歌也反映了他所关注的国计民生，比如他的诗中有大量反映农业生产的内容。如果遇到干旱的灾情，乾隆皇帝就会带着皇子和大臣去西北郊黑龙潭求雨，并写下诗篇纪念。而有时久旱逢雨，他也会写下诗篇表达自己的欣喜之情。在

---

[16] 赵翼撰：《檐曝杂记》卷一，瓯北全集本，上海古籍出版社，1997。

他写下的诸多诗篇中，乾隆皇帝大都表达出了自己对人民衣食的关心。他认为要想统治稳定，必须维持人民的基本生活，“不饥自鲜盗，村村乐宁谧”[17]。这些诗歌中所表达的这种以民为本的观点，与儒家学说中所追求的仁政是非常相似的。

如果我们暂时抛开弘历的皇帝身份，那么他看起来更像是一个儒家文化语境下的普通文人。他熟读经史子集，也能书善画，喜好吟诗作对，偏爱文玩收藏，时常附庸风雅。在政治方面，弘历能够意识到民间疾苦，了解施行仁政、杜绝苛政对于国家统治的重要性。他在乾隆元年便在谕旨中明确指出：“政令繁苛，每事刻核，大为闾阎之扰累……朕即位以来……欲减去繁苛，与民休息。”[18]这一系列的表现说明乾隆皇帝在早年间所接受的儒家教育对他产生了较为深刻的影响。

弘历六岁时开始读书，当时他还不是皇子，起初也并未正式聘请老师。直到三年后，胤禛才给弘历及弘昼请了一位名叫福敏的翰林院庶吉士做老师，负责启蒙授读。福敏虽然官运不佳，却

---

[17]《钦定四库全书·集部·御制诗三集》卷四《出哨》，未出版古籍刻本。

[18]《清实录·乾隆朝》，中华书局，2008，乾隆元年三月乙巳日条。

深谙程朱理学，教学有方，同时也不因弘历的高贵身份而对他放松要求。这位启蒙老师的严格教导让弘历养成了良好的学习习惯，弘历对这位老师也非常尊敬，称他“循循既善诱，严若秋霜披”[19]。雍正皇帝登基之后，弘历成为皇子，他的教育就显得尤为重要了。雍正皇帝在乾清宫附近设上书房，供皇子们读书学习使用，并制定了严格的制度。每天天还未亮，弘历便摸黑起床进入书房准备开始一天的功课。曾在宫中做过官的史学家赵翼目睹此景不禁感叹：“吾辈穷措大专恃读书为衣食者，尚不能早起，而天家金玉之体，乃日日如是。”[20] 弘历每日都有不同的课程，一般先要学习汉人的经史子集，而后又有满洲师傅教国书、习国语骑射等事，直到傍晚才结束。弘历本身就天资聪颖，但他并不因此而放松对自己的要求，而是非常专心勤奋地做功课，每天学习的时间在十个小时以上，“卯入而酉出，未尝一日辍”[21]。从弘历的学习生活中，我们多少能够看出他一丝不苟、严于律己的一面，

[19] 钱仪吉：《碑传集》卷二二《记所闻相国福敏公语》，中华书局，1993。

[20] 赵翼撰：《檐曝杂记》卷一《皇子读书》，瓯北全集本，上海古籍出版社，1997。

[21] 李桓：《国朝耆献类征》卷六九《蔡世远墓志铭》，江苏广陵古籍刻印社，1990。

同时这种学习态度也保证了教育的质量，让弘历能够更好地吸收所学课程的精华。这种严格的自律再加上其本身资性的聪颖，使得弘历写起文章来得心应手，文章中的析理也非常透彻。鄂尔泰称他“动容出辞，温素之气具备，偶聆议论，则穷本探源，有经有纬”[22]。同窗的平郡王福彭则称赞弘历“每为文，笔不停辍，千言立就，而文思泉涌，采翰云生”[23]。虽然这些恭维话有点夸张，但从乾隆皇帝所留下的诗文数量来看，也绝非虚言。这种过人的思考和写作能力使乾隆皇帝能够应对繁重的政务，也使他能有自信将各项政事的决策权尽可能收归自己手中，因为他觉得自己完全能够处理好庞杂的治理事务，即使没有官员参议也不会对政权有任何负面影响。

在弘历成为皇子之后，雍正皇帝为他请了四位老师，分别是徐元梦、张廷玉、朱轼和嵇曾筠。其中徐元梦不久因罪去职，并没有教读太长时间。张廷玉作为雍正皇帝最宠信的大学士，整日忙于政事，很少有时间参加教学，不过因其常在北京管理翰林院，有时也抽空到上书房查看督促弘历的学习。嵇曾筠刚入值上

[22] 刘野编：《钦定四库全书荟要·御制乐善堂全集定本·庚戌年原序》，吉林出版集团有限责任公司，2005。

[23] 刘野编：《钦定四库全书荟要·御制乐善堂全集定本·庚戌年原序》，吉林出版集团有限责任公司，2005。

书房就又被任命河南巡抚、河道总督，长期在外治理水利，并未实际教学。因此这四位老师里面只有朱轼教弘历的时间最长，也最受弘历尊敬。朱轼是康熙三十三年（1694）进士，也是一位著名的理学家，在入值上书房之前官至二品左都御史。应该说在当上弘历的老师之前，朱轼的仕途是十分顺利的，他是个精明能干、颇有政绩的官员。尤为难能可贵的是，在处理繁杂政务之余，朱轼还能不废学问，著书写作，这可能也是雍正皇帝将其选为弘历老师的主要原因。

作为教授弘历时间最长的老师，朱轼的教导对弘历的性格、学识、爱好的形成有着非常大的影响。朱轼本人是一个典型的儒家士人，他儒法理学的功底扎实，同时心系家国天下，为官清廉俭朴，才干卓然。有这样的人来做老师，无疑会对弘历产生积极正面的影响。朱轼根据皇子们之前学习所达到的程度，教读《易经》《春秋》以及宋代理学著作，《通鉴纲目》《史记》《汉书》等经典史书。他将儒家著作中的政治思想和道德规范的精华提炼出来向弘历传授，辅以社会现实、民间疾苦、前朝历史作为实践材料，“今上在藩邸时闻公讲生民休戚，历朝治乱甚悉”[24]。朱轼时常引用北宋理学家张载的观点，主张身体力

[24] 李桓辑：《国朝耆献类征》卷一三《朱轼神道碑》，江苏广陵古籍刻印社，1990。

行，经世致用，后来乾隆皇帝勤于政事且力求事事亲为的执政风格可能正是受此影响。应该说，在弘历接受教育的这段时间里，朱轼成功地将儒家那套“修齐治平”学说以及力行仁政的帝王品德教予弘历，进一步赋予弘历作为帝王的各种观念、执政所需的知识与能力。尤其是弘历刚刚登基时，由于之前被父皇有意地与朝中的官员相隔离，作为皇帝的他势力单薄，认识和了解的官员极少，急需寻找信任的官员相助。此时他想到了自己的老师朱轼，立即召他进京协同处理各项事务。在朱轼入朝这段时间，他与乾隆皇帝之间的关系十分密切，“公以旧学重臣，日趋内廷，辰入酉退，屡陈便宜”[25]。乾隆皇帝初政，一改上一代皇帝雍正严苛的执政风格，采取更为宽大与怀柔的方式进行统治，而朱轼作为一位著名的理学儒士，在其中应该起到了不小的作用。可惜朱轼未能辅佐乾隆皇帝太久，在乾隆元年（1736）九月病逝，年七十岁。朱轼的去世也使得乾隆皇帝延缓了建立属于自己的官员班底的步伐，间接导致张廷玉、鄂尔泰两位雍正时期的旧臣各自形成了朋党之势。乾隆皇帝对于老师朱轼的感情十分深厚，也十分景仰老师的为人与学识，在即位之前，弘历就曾写诗赠予朱轼：“……惟借开陈力，常资

[25] 李桓辑：《国朝耆献类征》卷一三《朱轼神道碑》，江苏广陵古籍刻印社，1990。

接引缘。前途粗省识，往籍事精研。方示寻邹屐，旋招泛泗船。高深终莫测，言象未忘筌。”[26] 诗中充满对老师的感激与敬爱之情。

登基前的教育让乾隆皇帝对于儒法理学有了深刻的理解。他早年推崇宋儒，认为汉以后大道沦丧，直到宋代理学兴起才使道统得以恢复、发展。乾隆皇帝在许多文章中论述内圣外王之学，强调仁义道德对于君主的重要性，例如“治天下者，以德不以力。故德盛者王，德衰者灭”[27]，“圣帝明王为治，莫不以礼为本，然后渐之以仁，摩之以义，和之以乐而天下化成”[28]。至少从这些言论来看，乾隆皇帝是以成为儒家语境下的仁君为目标的，他能够认识到自己作为一国之君对于整个政权的巨大影响，同时也知道一个政权的稳定在于“固民本”，必须通过施行仁政来保

[26] 刘野编：《钦定四库全书荟要·御制乐善堂全集定本》卷二四《春日寄朱可亭先生五十二韵》，吉林出版集团有限公司，2005。

[27] 刘野编：《钦定四库全书荟要·御制乐善堂全集定本》卷六《书新唐书兵志论》，吉林出版集团有限责任公司，2005。

[28] 刘野编：《钦定四库全书荟要·御制乐善堂全集定本》卷一《家人上九有孚威如终吉论》，吉林出版集团有限责任公司，2005。

障平民的生活。实际上，这种对于儒法理学的关注早在康熙时代就已有之。康熙皇帝作为清朝入关后的第二位皇帝，在思想领域中推行崇儒尊孔的政策，也是由当时的统治状况决定的。康熙皇帝自己也以身作则，他一生讲求儒学，自五岁起就开始学习儒家典籍，之后在处理繁重的政务之余也不忘参加儒家经筵讲读，与当时著名的儒士探讨儒道。在执政过程中，康熙皇帝也能够贯彻儒法精神，以德自律，施行仁政。而从小受祖父恩宠的弘历，一直将祖父康熙皇帝视为自己的榜样，康熙皇帝对于儒家道法的态度多多少少也影响了弘历，让他有更大的热情去贯彻儒家的治国之道。

除了学习儒家经典之外，弘历在青年时期还特别喜爱研读历史，所写史论五十余篇，还有许多咏史诗。在这些诗文中，他议论各个朝代的统治特点，评价了许多皇帝和其他历史人物的是非功过，探讨以往政权的施政得失，从中吸取经验教训。以史为鉴，能让弘历更清楚地了解一国之君在执政时的禁忌，再结合儒家理论的熏陶与青少年受教育时期所养成的自律品格，使得乾隆皇帝能够在思想上形成一种自我约束，以杜绝历代帝王因为随性而为导致的政权崩溃。当然，弘历的早年经历所造就的自负性格也在论史之中有所表现，在他看来，历代帝王中算得上有作为的皇帝只有汉文帝、唐太宗、宋仁宗三人。但弘历认为汉文帝虽贤但缺乏良臣辅佐，宋仁宗虽将宋朝推向了兴盛，但终因才能不足而未能更进一步。在这三位贤君之中，弘历唯一佩服的就是唐太宗李世民。他在诗文中称赞唐太宗："……论古缅遐思，治功非幸觏。文贞[29]立朝端，弥缝而匡救。九重亦虚已，勤政夜继昼。励精图至治，俗用臻富厚。二十余年间，中外称明后。"[30]

无论是从儒家学说的影响上来看，还是从弘历推崇唐太宗的言论来看，我们有理由相信在构成皇权政治的重要部分——君臣之间的关系方面，乾隆皇帝有着一套理想化的标准，而这种标准就来源于他在受教育期间所接触到的儒家道法的意识形态和以唐太宗贞观之治为代表的帝王政治史鉴。那么很显然，乾隆皇帝希望自己与官员所达成的，就是我们之前所探讨的君臣关系的理想化状态，即一种君臣能各司其职、相互信任的协调而稳定的关系。这种君臣关系来自儒家意识形态中对于皇帝与官员在政治德行上的要求，在皇权统治的历史中最为贴切的实例就是唐太宗统治的贞观时期，而唐太宗正是乾隆皇帝最为推崇与景仰的皇帝。乾隆皇帝认为君臣关系是决定一个政权是否稳定的重要因

[29] 指贞观时期的重臣魏徵，魏徵死后谥号"文贞"。在宋仁宗以前，"文贞"是官方封给大臣的最高等级的谥号。

[30] 刘野编：《钦定四库全书荟要·御制乐善堂全集定本》卷一四《读贞观政要》，吉林出版集团有限责任公司，2005。

素，“上下一心，君臣相德，天下乂安，民受其福”[31]。在执政初期，乾隆皇帝也非常注重君臣关系，虚心纳谏。他在刚刚即位时，特意下了一道谕旨，将一位名叫孙嘉淦的地方官员召进京城。这位孙嘉淦以“敢言”而著称，雍正时期曾险些因此丢了性命，甚至在乾隆十六年（1751）发生的“伪稿案”中，那份历数乾隆皇帝“五不解十大过”的伪冒奏稿假托的也是孙嘉淦的名字，可见其敢于直言的勇气。乾隆皇帝将他擢升为都察院左都御史，也是期待这位正直的官员能够帮助自己监督其他官员。不过，孙嘉淦上任之后的第一件事却是向皇帝上奏了著名的《三习一弊疏》，直指最高统治者的劣习所导致的朝政混乱。“三习”说的是败坏皇帝的为政心理的积弊，分别是只听顺言的“耳习”，只看敬畏驯服臣属的“目习”，独断专行随性而为的“心习”。而“一弊”则指的是“喜小人而厌君子”，最终会使朝中奸佞当道，积重难返。孙嘉淦认为，要去除这种“三习一弊”，只能依靠皇帝的自我约束，即“不在乎外，惟在乎心”。这一上疏得到了乾隆皇帝的高度重视，孙嘉淦也因此升任刑部尚书。乾隆皇帝在执政初期一改雍正时期严苛冷酷的统治风格，采取了宽大怀柔的政策，减轻民负，平反各类冤案，还重新安置了之前被父皇迫害的

[31] 刘野编：《钦定四库全书荟要·御制乐善堂全集定本》卷一《上下交而其志同论》，吉林出版集团有限责任公司，2005。

皇族，初步缓和了皇宫内外与民间的紧张局面，同时也起用了一批有才能的官员帮助自己治理国家。不管这种执政风格最终持续了多久，至少从乾隆皇帝初期的执政情况来看，早年习读儒学和史论对他的影响还是很大的，他在《乐善堂文钞》中所表达的观点也并非只是彰显自己的文采，乾隆皇帝确确实实希望自己能够成为一个儒道意义上的仁君，成为一个能和唐太宗比肩的有为君主。

早年的学习经历无疑对乾隆皇帝之后的执政策略有着重要的影响。对于儒家经典和历史书籍的研读使乾隆皇帝在思想上确立了一种近似于是非观的标准，这一标准是以国家政权整体上的利益为中轴的。在潜意识中，君主能够分辨出自己哪些行为是符合一个贤良君主的标准的，哪些行为又是历史上一些昏庸君主所经常做的。这种心理观念上的建设能够有效地降低皇帝恣意妄为的可能，因为任何对于皇权的滥用行为都有可能会导致政权的衰落与崩溃。换句话说，皇权的合法性对于乾隆皇帝来说有着重要意义，他对于君主德行的追求也是非常执着的。就乾隆皇帝而言，他如果想要做一些“出格”的行为，首先就需要过自己心理上这一关。这就是作为一位优秀统治者所必需的自我克制品质，乾隆皇帝对儒家政治教条的熟读以及对史家中治乱兴亡经验的吸取使他能够时刻站在君主的立场上去看待事物和行使权力。为了最高统治的利益，他必须按照皇权统治制度既有的政治原则去施政。

而在我们所关注的君臣关系方面，经过长期教育熏陶的乾隆皇帝知道官员之于政权、之于自己的重要意义，他不会像历史上某些暴君那样恣意残害手下的大臣，或者制造恐怖统治使属下噤若寒蝉而不敢向皇帝直言上谏，这些行为对于政权的稳定和发展都是有害的。在皇权运作的情境下，这种思想上的建构就意味着皇帝不能简单粗暴地对官员进行权力上的压制，因为这样做不但会削弱官员对于国家治理的正面作用，还会有政权动荡的风险。因此，对于乾隆皇帝来说，他如果想让自己的权力得到更大程度上的使用，想让自己对于整个政权有更为全面的掌控，就必须采取更为巧妙的办法，既不能影响政权的稳定，同时也不逾越思想上的是非标准。换句话来说，很多时候乾隆皇帝必须要寻找到合理的理由对自己的一些行为做出解释。从这一层面上来讲，乾隆皇帝想要应对官僚帝国体制下统治合法性所营造的皇权困境是更为困难的。

如果说弘历早年一帆风顺所造就的性格与做皇子时的韬光养晦策略有所矛盾的话，那么长期教育所熏陶出的思想与先天经历所造就的自负之间就更为针锋相对了。乾隆皇帝想成为一位儒家术说意义上的贤良君主，就必须压抑自己的意愿、感情、欲望，但他的自负性格以及作为皇帝所应有的无上权力又使他对于权力充满着渴望，力求大权独揽、独断专行，同时也非常反感别人对于自己指手画脚。更何况，作为一位天资聪颖的君主，乾隆皇帝能够很清楚地认识到手下官员与皇帝之间的利益区隔，因此他不可能对手下的官员完全信任，而需要使用一些手段来确保官员不会对自己的统治造成损害。因此在乾隆皇帝执政时期，我们可以看到他有时会虚心纳谏，对待下属仁慈，有时又会使用各种手段来对官员实施管控，表现出极大的矛盾性。

但我们可以确定的是，在大多数的时间里，乾隆皇帝的行为都是以自己所认为的最高统治利益，即以自己的皇位利益为基本出发点的。一旦乾隆皇帝认为有人对自己的统治造成了威胁，他就会果断地采取措施进行纠正。但就乾隆皇帝所处境况而言，儒家意识形态的教育以及对政权动荡的顾虑使他不得不寻求一些更为巧妙的方式为自己在与官员的博弈中所采取的各种策略行为披上一套合理合法的外衣。

镀金的盛世

当乾隆皇帝在二十五岁继位时，他不仅顺风顺水地成为清帝国的最高统治者，更幸运的是，他还继承了一份能让历代帝王羡慕的基业。康熙皇帝通过一系列的军事行动，灭三藩、收台湾、北击沙俄、西平准噶尔，为清朝领土完整与政治安全奠定了坚实的基础；雍正皇帝继续推进改土归流等一系列措施，加强了朝廷对于边疆地区的管控。而当乾隆皇帝继位时，历经两代皇帝的武力征讨与政治协商，清廷与西北割据的准噶尔部达成了和平协议，朝廷的军事压力与财政负担暂时得到了缓解。在经济方面，康雍两帝坚持轻徭薄赋的政策，相继推行“滋生人丁，永不加赋”“摊丁入亩”等制度，在一定程度上减轻了平民的负担，同时也放松了对户籍的控制，农民和手工业者实现了自由迁徙。在意识形态文化方面，自康熙皇帝就开始推崇孔儒宋理，以此作为清朝统治的意识形态主体。之后的雍正皇帝也同样尊孔重道，兴建孔庙，同时注重儒家学说在皇室教育中所扮演的角色，这在弘历早年的教育经历中也得到了体现。此时，清朝政权历经康熙、雍正两位皇帝的统治，经济发展，社会安定，人口和财富迅速增加，国力蒸蒸日上。

从总体上来讲，“天选之子”乾隆皇帝确实没有辜负祖父与父亲为自己留下的宝贵政治财富，在长达六十三年的掌权时间里，清政权的统治被他推向了最高峰，乾隆皇帝与他的祖父和父亲一起缔造了中国皇权统治历史上最后一个黄金时代——康乾盛世。

在乾隆统治时期，清朝的政局基本稳定，由皇帝主导的几次针对边疆地区几个武装政权的军事行动除了清缅战争以外均获得了胜利。同时乾隆统治时期也并没有爆发大规模的民变，在统治的中心区域，也只有发生在山东由王伦领导的清水教起义算得上是比较有影响的民间叛乱。但王伦所领导的这支起义军并没有成功地发动民众参与进来，而且还受到了当地乡绅们的抵制，跟随首领王伦行动的人员大部分都是清水教的忠实教徒，从数量上就缺乏对抗官方军队的优势。最终，王伦的队伍连一座县城都没有攻打下来，旋即被赶来的官兵消灭在了临清城内[32]。应该说王伦所制造的这次叛乱从侧面上也反映了乾隆统治时期的社会状况，那就是大部分平民的生活还是过得去的，他们并没有什么理由去参与针对政府的大规模叛乱行动。除了王伦起义之外，在统治边缘区域也只有甘肃的苏四十三、田五起义和台湾的林爽文起义算是较大规模的武装叛乱，但也都未对清朝政权构成威胁。直到嘉庆元年（1796），在四川、陕西、湖北、河南的边界地区爆发了史称“川楚白莲教起义”的武装叛乱，同期在湖南和贵州两省也有苗民起事，对抗政府的武装斗争才如星火燎原般在清帝国西部扩散。这次农民起义的规模远超以往，清政府动用了数十万军队、上亿两白银才平息叛乱。当然，在这场武装叛乱发生时，乾隆皇帝已走到了自己的人生尽头，虽然作为太上皇的他依然保持着对朝政的掌控，但每况愈下的身心状态已无法让乾隆皇帝针对叛乱采取有效的措施了。

[32] 韩书瑞：《山东叛乱：1774 年王伦起义》，刘平、唐雁超译，江苏人民出版社，2008。

在乾隆皇帝统治时期，中国的人口数量也实现了一个飞跃。根据曹树基在《中国人口史》中的估算，至乾隆四十一年(1776)，中国人口约为3.1亿[33]，远超之前任何历史时代。人口的增长能从一定程度上反映出一个国家的经济状况。在英国经济学家安格斯·麦迪森的著作《中国经济的长期表现》中，1820年中国的GDP占世界总量的32.9%。尽管安格斯·麦迪森对于中国近代GDP的估算有比较大的偏差[34]，而且对于一个农业国来说，GDP数据的解释力也值得商榷，但不可否认的是乾隆时期中国的经济确实发展到了一个新的高度。伴随着人口的增加，乾隆时期全国的耕地数量也在逐渐增长，至18世纪末，全国耕地面积约有10.5亿亩，比雍正初年增加了1.5亿亩[35]，诸如甘薯、玉米等高产作物的引进推广以及农村经济作物的扩大种植促进了农业生产力的发展。而在刘文鹏对于孙嘉淦伪稿案的研究

---

[33] 葛剑雄：《中国人口史》，复旦大学出版社，2005。

[34] 见刘逖《清史研究》《论安格斯·麦迪森对前近代中国GDP的估算——基于1600—1840年中国总量经济的分析》一文，作者认为麦迪森对近代中国GDP的估算过高，1820年中国实际的GDP可能只有其估算的三分之二。

[35] 戴逸：《乾隆帝及其时代》，中国人民大学出版社，2008。

中[36]，我们看到了发达的商业网络对于伪稿信息的传递所起到的作用，从一个侧面反映了乾隆时期商业社会的发达。但乾隆朝之后，中国的经济状况便急转直下，在经济总量上逐渐被西方国家超越，而激增的人口也给社会带来了很大的负担与不安定因素，这种情况在叫魂妖术案中已初露端倪。

尽管康熙雍正两代在意识形态建设上取得了很好的成果，但乾隆皇帝依然要面对靠武力征服的少数民族统治政权所不可避免的一个两难性问题，那就是如何能够在采取汉人制度、推崇儒家道法的同时，还能保留满人原有的品质以及保持少数族群对于一个庞大帝国的掌控。乾隆皇帝在儒法方面的造诣是毋庸置疑的，他深谙儒家学说中对于皇帝“以德统治”的要求，努力地树立自己的仁君形象。我们通过乾隆皇帝的御制诗就可以看出，他是个热衷于求雨的皇帝，而实际上祈雨本身就是儒家语境下皇帝与上天的沟通仪式。诸如干旱这样的灾祸，在儒家学说中都是“坏政府”的象征，而祈雨仪式是否灵验则取决于皇帝的“德”。所以在乾隆九年（1744）的一次旱灾中，当举行祈雨仪式之后数周仍未下雨时，乾隆皇帝感到极为痛苦，而他的母亲孝圣宪太后则干脆亲自出马到畅春园中的龙神庙求雨。这使得乾隆皇帝更为惶恐：“今日太后从寝宫步行至

---

[36] 刘文鹏：《盛世背后：乾隆时代的伪稿案研究》，人民出版社，2014。

园内龙神庙，虔诚祈祷。朕敬闻之下，惶恐战栗，此皆朕之不德，不能感召天和，而累母后焦劳，至于此极。为子人者，实无地可以自容。”[37] 这段话同时也显示了乾隆皇帝践行儒法的另一个重要的方面，那就是以孝为先。乾隆皇帝对于自己的母亲十分孝顺，只要母亲在身边，三天一问安，五天一侍膳，对母亲的生活起居关怀备至。这不仅仅是因为孝圣宪太后对于乾隆皇帝的生养之恩，还因为孝道在儒家伦理中所占的核心地位。乾隆皇帝确实是在以身作则，努力让自己成为一位标准的儒家模范帝王。但在迎合儒家意识形态的同时，乾隆皇帝也清楚地意识到汉化对于满洲自身所带来的危害。乾隆二十七年（1762），在彻查一桩满人官员勾结兵部书役卖官的案件时，乾隆皇帝痛斥某些满人已“渐染恶习，浮靡嚣薄，殊失国初浑厚之风”[38]。与对待儒道的方式相似，乾隆皇帝也以身作则地维护满人应有的优良品质。乾隆皇帝会利用各种机会去审查和纠正官方文件中满文翻译的错误，而在召见候选官员时也会用满语向官员提问。在乾隆六年（1741），乾隆皇帝还恢复了中断十多年的“木兰秋狝”，并花费了大量的人力物力对木兰围场及附近的各

---

[37]《清实录·乾隆朝》，中华书局，2008，乾隆九年五月戊寅日条。

[38]《清实录·乾隆朝》，中华书局，2008，乾隆二十七年六月丁酉日条。

处行宫进行清理、维修和重新布置。而他恢复木兰围猎的初衷就是想遵循祖制，保持满人子弟骁勇善战和淳朴耐劳的本色，抵御汉化所带来的骄奢颓逸等恶习的腐蚀，同时也力求唤起满洲尚武传统的决心。乾隆皇帝确实做到了身体力行，自“木兰秋狝”恢复，到乾隆五十六年（1791），乾隆皇帝以八十一岁的高龄进行了他一生中最后一次“木兰秋狝”为止，这之间的五十年里，他一共进行了四十多次秋狝，为历代清帝中秋狝次数最多者[39]。除了对满人严加要求以外，乾隆皇帝对于汉人，尤其是掌握社会舆论的民间文人也十分关注，其中江南士人是乾隆皇帝尤为赞叹却又最为不信任的人群。无论从经济层面，还是从汉人文化层面来讲，江南地区都居于中心的地位。对于清朝这样一个少数民族统治的政权来说，江南地区无疑是最需要统治者们关注的，他们既需要保证这一地区的发达经济对帝国所起到的支撑作用，又要防止这里的“腐败文化”对于满洲原有价值观念的侵蚀。如此来看，乾隆皇帝六次下江南的目的就显得很耐人寻味了。按照他自己的叙述，六下江南的主要目的是巡视河流治理的情况：“南巡之事莫大于河工……河工关系民命，未深知而谬定之，庸碌者唯遵旨而谬行之，其害可胜言哉……河工而牟利，宣泄必不合

[39] 白寿彝主编：《中国通史》，上海人民出版社，1999。

宜，修防必不坚固，一有疏虞民命系焉……”[40]乾隆皇帝也确实在南巡过程中对于洪泽湖、浙江海塘进行了视察与治理，并开凿陶庄引河，疏浚其他水道。这一系列河流工程保证了当地社会环境的稳定，为江南地区的经济发展打下基础。除了检视河工以外，乾隆皇帝的南巡还有控制、笼络江南地区士大夫的用意。乾隆皇帝首先树立自己尊书重道的帝王形象，在第一次南巡时把殿本的二十二史、十三经赠予南京的钟山书院、苏州的紫阳书院、杭州的敷文书院。而乾隆皇帝主持编纂的巨著《四库全书》一共只抄写了七部，其中有三部就存放在江南地区的书阁中，可见他对于江南地区文化的重视。为了进一步展示自己对江南地区的另眼相待，乾隆皇帝还高规格地褒奖了明末江南地区著名的抗清将领史可法，不仅追谥他为“忠正”，还在其画像上亲笔题诗，将画像与另作的“褒慰忠魂”四字题词一并放入扬州梅花岭的史可法祠中展阅。乾隆皇帝的这种褒扬行为无疑代表了官方对于以南明为代表的明末汉人割据政权的态度，能够有效地平复江南地区士人的反清情绪。但乾隆皇帝的这些行为并不代表他对于江南地区的文化和士人是完全迎合的，在乾隆朝诸多血腥恐怖的文字狱案件中，有不少就源自江南地区，如著名的“一柱楼诗案”就发生于江苏，还有诸如浙江的卓长龄逆

---

[40] 阿克当阿修、姚文田等纂：《嘉庆重修扬州府志》卷三《巡幸志三·御制南巡记》，刘建臻点校，广陵书社，2014。

诗案、江苏的朱思藻《吊时语》案等不一而足。从这些案件中我们也能看出乾隆统治中后期对于江南地区乃至全国在思想方面的管控逐渐严格，也反映出此时民间社会思想的不稳定状态。

青少年时期一帆风顺的经历塑造了弘历自负的性格，但面对表面平稳实际上却瞬息万变的争储局势时，他也不得不采取韬光养晦的策略静观其变，而从小所受到的儒家教育也让弘历在执政初期在思想层面上有了成为仁君的理想。总的来讲，如果说从出生到受教育再到登基的经历使乾隆皇帝的个性中充满矛盾与不确定性的话，那么其后的六十余年执政经历又给乾隆皇帝的人格增加了更为复杂的变数。

从现实层面来讲，乾隆皇帝的统治无疑是成功的，他将清朝政权的各方面都推到了历史的高峰，而就他个人而言，他对自己的统治的自我感觉也是良好的。在晚年督办一桩地方贪污案件时，乾隆皇帝在谕旨中这样说道："朕临御五十五年，兢兢业业，无日不以敬天爱民为念，此天下臣民所共见共闻者。迺闵鹗元，欲将此等大干法纪之事，希图颟顸混过，是诚何心。"[41] 乾隆皇帝显然认为自己这五十多年来作为皇帝已达到了儒家传统意义上的仁君的要求，而手下的官员往往会出现各种问题来给自己的"贤君"

---

[41]《清实录·乾隆朝》，中华书局，2008，乾隆五十五年五月甲辰日条。

形象抹黑。在这里，我们可以看出乾隆皇帝早年形成的自负性格在执政的过程中被强化了。与登基前的经历相似，乾隆皇帝在自己六十多年的执政生涯中同样没有遇到什么大的挫折，国家良好的局面很容易让他对自己所有的执政行为做出正面的评价，换句话说，乾隆皇帝变得更为固执，他认为自己所做的政策不会出现任何错误。而一旦出现问题，乾隆皇帝首先会将其归结到执行自己意志的官员身上，正如上面的谕旨中所体现的。可以说，随着执政时间的增长，乾隆皇帝与官员之间的关系愈加尖锐起来，他更清楚地认识到现实中的政治场域并不是儒家经典中君臣各行其道那样的理想化。作为一位自视甚高的君主，乾隆皇帝尤其不能容忍官员在国家政事上对自己的欺骗、搪塞和怠慢，这些行为无疑是对他自负心理的打击，同时还对政权的最高利益造成了损害，最为重要的是，这些行为还会打破他所自我陶醉的“仁君”形象——毕竟仁君治下的官员应该是清廉高效、忠君爱民的。因此，无论是就早年的经历所塑造的个性而言，还是就执政后为自己所塑造的“仁君”形象来说，官员的问题都是乾隆皇帝最为关注的，而不守法纪、欺上瞒下的官员也是乾隆皇帝最为深恶痛绝的。但另一方面，乾隆皇帝自己苦心经营的“仁君”形象也使他在与官员之间的博弈中有了顾虑，他不得不考虑采用更为温和的手段，在无损自己治世仁君形象的前提下，对官员实施惩戒。

第四章　案发

来自扬州的奏折

乾隆三十三年（1768）六月初五，这一日可能只是乾隆皇帝长达六十三年的执政生涯中最普通不过的一天。这天早上皇帝例行到畅春园凝春堂去给太后钮祜禄氏请安，并传达母亲的懿旨，将庆妃陆氏晋封为贵妃，容嫔和卓氏晋封为妃，贵人钮祜禄氏晋封为嫔。尽管皇太后钮祜禄氏恪守祖宗法制，从不干预儿子的政务，但在后宫诸事上还是很有发言权的，而深谙儒家孝道的乾隆皇帝自然是言听计从，下旨吩咐各相关部门准备晋封典礼的相关事宜。之后他又指示云南省官员对由四川、贵州采办而来的军需马匹进行验收，同时吩咐将四川省发现的几门九节铜炮送往永昌试射并分析其制造工艺，视结果再做定夺。处理了军政事务之后，乾隆皇帝又宣布了两个人事变动，一是将任直隶清河道的周元理擢升为直隶按察使，二是让已调任武备院卿的萨哈岱暂时回到原有的河东盐政岗位填补空缺。单从以上这些不痛不痒的上奏和谕旨来看，六月初五这一天确实可以用太平无事来形容。

但宫廷中的无事并不代表辽阔的清帝国在这段时期内也同样太平。六月初，乾隆皇帝循例亲自到京郊黑龙潭的龙王庙祈雨，意在求得上天保佑国家风调雨顺。就在乾隆皇帝举行仪式时，两江地区正面临着旱灾的威胁，“上下两江地方，本年五六月间，虽间得雨泽，未能一律普遍。近水低田，尚可车引，高阜之区，难于戽灌。时已立秋，不能赶种杂粮”[1]。而在西南边境，清朝与缅甸的战争已进入第七个年头，年初，清军统帅明瑞在撤军途中被围小猛育，突围失败自缢而死，远征大本营木邦失陷。自负的乾隆皇帝虽为明瑞的死讯震惊，但绝不接受兵败的结果，不惜动用大量人力物力，从四川等地调用大量的军马粮草运往前线，而上面六月初五的奏折中所提到的九节铜炮正是运往前线的。正当乾隆皇帝准备调兵遣将再战缅甸时，下面的官员却打起了退堂鼓，前往云南前线的参赞大臣舒赫德和新任云贵总督鄂宁联合上奏乾隆皇帝，陈战事之艰难，主张设法招致缅夷投诚。而恰好在五月，有四名被缅甸俘虏的清军士兵带着缅方的乞降书来到清军驻地永昌，这为一些官员的议和

---

[1]《清实录·乾隆朝》，中华书局，2008，乾隆三十三年七月乙巳日条。

主张提供了依据，乾隆皇帝此时也犹豫起来。与此同时，起于江浙一带的剪人发辫的叫魂妖术传言愈演愈烈，引发了民间的骚动，到六月时，妖术造成的恐慌已传到了山东省地界，大有转向直隶地区的势头。但这一系列与妖术相关的治安事件并未引起各地方官府的重视，此时身处京城的乾隆皇帝还未对这一事件做出指示。

当然，京城外的这些情况乾隆皇帝也并非一无所知，只不过帝国信息体制的状况使得京城中的皇帝并不能及时获知整个国家的动态。所以当七月乾隆皇帝得知两江地区的旱情时，“所奏为时太迟，已于摺内批饬矣”[2]。他只能指责地方官员，“地方政务孰有要于此者，该督等所司何事，岂竟漠不动念”[3]，在指责之余还不忘与自己作比，“朕于农田晴雨，常廑宵旰。每谕各督抚随时入告，冀得周知薄海民生休戚，早施补助”[4]，言下之意就是作为皇帝，我已经尽到了应有的责任，而你们这些官员却未能将我的

---

[2]《清实录·乾隆朝》，中华书局，2008，乾隆三十三年七月乙巳日条。

[3]《清实录·乾隆朝》，中华书局，2008，乾隆三十三年七月乙巳日条。

[4]《清实录·乾隆朝》，中华书局，2008，乾隆三十三年七月乙巳日条。

旨意执行下去，使得政府赈灾不力，反过来有损我的仁君形象。关于两江地区旱灾的上谕展现了乾隆皇帝在实际执政过程中与官员之间关系的常态，对于能力优秀而且自负的乾隆皇帝而言，手下官员无法及时上报地方信息和坚决执行自己的意志是最令他苦恼的事情。至于五月在西南边境战场上出现的情况，以现有的史料来看，我们不能确定这些被俘士兵是否是前线官员为了推动议和而制造的烟幕弹，但显然乾隆皇帝对于这突如其来的乞降抱持谨慎的态度，“上虑贼非出于至诚，不可轻许，戒勿答”[5]。更为重要的是，以舒赫德为首的官员对于战事频频打退堂鼓的行为让主战派的乾隆皇帝感到非常可疑，但他也只能等前线的信息才能定夺。到六月下旬，前线仍未有关于缅方投降的进一步消息，乾隆皇帝有些按捺不住，在二十二日的上谕中，他将前线的鄂宁召回，并公布了鄂宁上奏的一份密折：“内有设法招致缅匪投诚之语，所见荒唐乖谬。据鄂宁一一指出，内有舒赫德自称面奏：‘若该匪有几分投降光景，奴才等装点几分，还可以使得。及称朕泛言，鄂宁就打发人去也使得罢了’等语。”[6] 这道密折印证了

---

[5] 赵翼撰：《皇朝武功纪盛·平定缅甸述略》，湛贻堂藏版，乾隆五十七年修。

[6]《清实录·乾隆朝》，中华书局，2008，乾隆三十三年六月己卯日条。

乾隆皇帝的怀疑——前线的某些官员对待战事十分懈怠，他们只想着妥协议和而丝毫没有战斗之心。而以舒赫德为首的前线将领居然想用夸大缅方投降意向的方式蒙混过关，这种胆大妄为的欺君行为是乾隆皇帝所不能容忍的，最终舒赫德被革去尚书和参赞大臣的职位，以都统赴乌什任办事大臣，鄂宁则降补福建巡抚。

如果不是鄂宁的密奏，那么远在京城的乾隆皇帝可能还会被蒙在鼓里很长一段时间，前线官员对于信息的控制差点影响了整个清缅战争的走势。单从清缅战争中的这一事件我们就可以看出下层官员在信息传递层面对于乾隆皇帝的控制到了何种地步。在此之前刘藻、杨应琚两位将领就已经出现过谎报军情的行为，并因此受到了严惩。但很显然，这样的惩罚没有起到任何震慑作用，后继的官员依然对情报进行了隐瞒与捏造。归根结底，远在京城的乾隆皇帝对于地方信息的掌握处于相当弱势的地位，因此官员为了自身利益甘愿冒着因欺君而被严惩的风险。甚至对于刘藻、杨应琚等人来说，谎报军情实际上并不是一个合适的选择，因为除非清军在清缅战场迅速压制缅军，否则僵持不下的战局迟早会暴露其谎报军情的事实。然而官员仍宁愿对乾隆皇帝进行隐瞒以暂时缓和局势，赌博式地期待后面会发生有利于自己的情势转变。至少在他们看来，对于皇帝的欺瞒是有可能成功的。而对于乾隆皇帝来说，一方面信息源被手下的官员控制，另一方面，对于瞒报官员的严惩又起不到什么震慑作用，皇权在此时是无法作为的，这也基本宣告他无法利用常规的帝国治理机制解决这一问题，而想要走出皇权在这一层面上的困境，就需要一些非常规的手段。而在接下来发生的两淮盐引案中，我们看到了乾隆皇帝的一种打破常规的权力运作方式。

乾隆三十三年（1768）六月初五日的《清实录》中，提到了两淮盐政御史尤拔世向乾隆皇帝上奏的一道例行奏折。

相比于后来所引起的轩然大波，这道奏折的内容本身看起来并没有什么特殊的地方，尤拔世只不过是在向乾隆皇帝汇报上一年预提盐引所得资金的收支情况："上年原任盐政普福请预提戊子纲引目，仍令各商每引缴银三两，以备公用，共缴贮运库银二十七万八千两有零。普福任内共动支过银八万五千余两，其余现存十九万余两，请交内务府查收。"[7]然而，这条例行上报的奏折却引起了乾隆皇帝的注意，因为他发现自己之前对这笔来自两淮地区预提盐引的上缴居然毫无印象。单从尤拔世上报的数额来看，这笔款项并不是个小数目，但"此项银两，该盐政等何以历来并未奏明私行动用，甚可骇异。因令军机大臣检查户部档案并无造

[7]《清实录·乾隆朝》，中华书局，2008，乾隆三十三年六月癸亥日条。

报派项用数文册可稽，显有朦混不清、私行侵蚀情弊”[8]。乾隆皇帝继而开始进一步推算：“且自乾隆十一年（1746）提引之后，每年提引自二十万至四十万不等，若以每引三两计算，二十年来银数应有千万余两，自须彻底清查。”[9]鉴于涉案金额的庞大与案情的复杂，乾隆皇帝“恐尤拔世一人不能独办，著彰宝密速前往扬州，会同该盐政详悉清查。务使水落石出，毋得丝毫隐饰”[10]。

对比来说，在同月乾隆皇帝针对叫魂妖术案所发的第一道谕旨中，他对于案情的认识则模糊得多：“闻浙江一带有传言起建桥座，因而偷割发辫、衣襟等物，揞垫桥桩，以为厌胜之用者，流传并及山东地面，其言甚为荒诞，或系市井翦绺匪徒，借端捏造，冀得逞其鼠窜伎俩，亦未可定。但此等造作讹言，最易煽惑民听，理应留心查禁，以杜浇风。”[11]在这道谕旨之中，诸如“传

[8]《清实录·乾隆朝》，中华书局，2008，乾隆三十三年六月癸亥日条。

[9]《清实录·乾隆朝》，中华书局，2008，乾隆三十三年六月癸亥日条。

[10]《清实录·乾隆朝》，中华书局，2008，乾隆三十三年六月癸亥日条。

[11]《清实录·乾隆朝》，中华书局，2008，乾隆三十三年六月戊辰日条。

言”“荒诞”“捏造”“亦未可定”这样的词句让我们觉得乾隆皇帝似乎并不太相信妖术犯罪的存在，他更关注的是谣言所造成的民众恐慌。而之后随着地方上报信息的增加，乾隆皇帝的想法逐渐发生变化，当他将这起妖术案定性为谋反并开始在全国追捕案犯时，他对于案件的看法已与自己的第一道谕旨大相径庭。而针对两淮预提盐引款项亏空的案件，乾隆皇帝从发现问题，到理清案情，到给案件定性为“私行侵蚀情弊”，再到确定涉案金额，最后责成专门官员去查办，都由一道上谕完成，可以说是非常迅速与干脆的。只凭借尤拔世的一道奏折，乾隆皇帝就“一条龙式”地完成了案件信息的获取与查办方针的布置。

随着江苏巡抚彰宝与两淮盐政御史尤拔世奔赴两淮盐业的中心城市——扬州，这桩被誉为“乾隆朝三大案”[12]之一的两淮盐引案的大幕被徐徐拉开。

两淮盐业发展与江南隐忧

关于这起案件，我们首先要问的是，这所谓的预提盐引是什么？它何以能够造成高达千万两的亏空？这要从清朝的盐法制度说起。

---

[12] 徐珂：《清稗类钞》，中华书局，1984。

食盐业作为天然的优良税源，一直是历朝历代统治者所极力管控的产业，因此自春秋战国时期到清朝灭亡之间的两千多年里，各朝政府对盐业政策多采取的是由官方把控的专卖制，官方对于食盐买卖的管理主要是通过发行盐引来实现的。简单来说，盐引就是商人在特定区域合法贩卖定额盐斤的凭证，盐商们只有购买盐引才能取得贩卖食盐的资格，而那些未获得官方盐引就进行销售的食盐则被称为“私盐”。盐商凭盐引才能到盐场支取规定数额的盐，在运输途中还要以盐引为凭证通过政府所设的层层关卡，然后到盐引上规定的地区行销。盐引往往还有一定的有效期，到期未支则盐引作废。但到了盐法崩溃时期，由于滥发盐引而导致空有盐引却无法支盐的情况，盐引的时效性就名存实亡了。盐引上的时间更多地被用来区分新旧盐引，以确定盐货到了之后所抵消盐引的先后次序。

盐引使官府介入了食盐的制造、上收、运输、贩卖等各个环节，并将食盐销售所得收入的大部分纳入自己手中。由于食盐这一商品的特殊性，盐业所得成为各朝政府财政收入的重要来源。以盐价飙涨最盛的元朝为例，在至元十三年（1276），每引价格不过中统钞[13]九贯。从至元二十六年（1289）开始，政府通过

---

[13] 即中统元宝交钞，是元朝由官方发行的纸币，功能与今天的钞票别无二致。中统元宝交钞以银为本位，每两贯可兑换白银一两。

增发盐引、提升盐引价格的手段敛财，至延祐二年（1315），每引价格已达一百五十贯，四十年间涨了十五倍多[14]。飞涨的盐引价格自然会转嫁到购买食盐的平民身上，一些吃不起盐的平民开始铤而走险贩运私盐。应该说元朝中后期的政治败坏、社会动荡与诸如食盐、粮食等生活必需品的价格飞涨是有很大关系的（比如元末农民起义领袖张士诚之前就是一位贩卖私盐的盐枭）。但从另一方面来讲，即使盐价飞涨到这种程度，人们还是不得不购买食盐以维持身体的健康，因此元朝统治者通过盐引加价还是获得了大量的税收，天历年间政府一年的盐课收入可达七百六十六万一千余锭[15]，占国家财政收入八成之多，可谓当之无愧的立国之本[16]。

到了明清时期，虽然统治者吸取了元朝覆灭的教训而在制定盐业管理政策上较为谨慎，但盐课收入仍然是政府财政收入的重要组成部分。为了能更好地对盐政实施管控，同时尽可能地增加盐业对于国家财政的贡献，明清统治者也对盐法制度进行了多次改革，其中影响最大的，就是明晚期开始实行的商专卖制度，我们所要说的这起两淮盐引案正是发生在商专卖制度的大背景下。

---

[14] 宋濂·王祎编撰：《元史·食货志》，中华书局，1976。

[15] 一锭为中统钞五十贯。

[16] 吴慧：《中国盐法史》，社会科学文献出版社，2013。

从某种程度上讲，商专卖制度是这起案件乃至有清一代诸多盐政部门贪腐案的诱因，同时也可以解释乾隆皇帝为何能够对两淮盐政信息如此敏感，对两淮盐业如此重视，以致他能够从一份例行上报的奏折中找出一桩贪污案的蛛丝马迹，并且大张旗鼓地派出巡抚一级的高官前去办案，力求迅速查明案情。

商专卖制度是在晚明天启年间开始实行的，而明朝政府实行这一制度的初衷就是解决盐引壅积的问题。在万历中期，政府遇到了与元朝统治者同样的问题，那就是不得不通过盐课收入来弥补财政上的捉襟见肘。除了增发新盐引以外，明朝政府还将之前因违法而被罚没的旧盐引重新发行，而且还别出心裁地采取了"新旧套搭"的制度。由于明代商人领到盐引之后并不能马上得到盐货，而需要等待一段时间，也就是所谓的"守支"，所以很多时候当商人们拿到盐货时，他们所贩卖的这些盐货已经是陈年积压盐引中所对应的货物了。而"新旧套搭"制度就是在这里做文章，政府规定当商人们拿到盐货要兑现之前旧的盐引时，必须再购买新的盐引，否则禁止行盐。这时政府通过贩售的新盐引获得的收入就相当于一种"预征"，而这些新盐引上的盐不知何时才能到商人手中。这样年复一年，套上加套，那些能早支的盐引价格水涨船高，而盐的零售价也随之飞涨，销量则一路走低，盐商们的盐卖不出去，自然不会再购买盐引。盐引的壅积使得政府通过盐课增收的如意算盘落空。为了应对这种局面，户部郎中、两淮盐法疏理道袁世振改弦易张，提出了盐政纲法，于万历四十五年（1617）开始施行。纲法就是把过去作为运司掣盐批数的“单”（两淮岁掣十二单，每单包括若干引）改为“纲”。纲根据盐院“红字簿”，挨资顺序，刊定一册[17]。纲法取消了过去新旧套搭的做法，而将新盐引和旧盐引分别入纲，一年当中大多数纲为新盐引，只有少部分纲为旧盐引，新旧两不相涉，盐商行旧盐引不再需要购买新盐引。在消除套搭以及打击奸囤投机行为的同时，官方规定了盐引的统一售价，价格比以往大大降低。结合盐引降价，袁世振还削减了每引所支的盐斤数量，这样就使同样数量的盐可以兑现更多的盐引，能够对陈年积引进行疏导。

除了以上这些改革，袁世振的纲法对于后世盐政制度最大的影响就是孕育了盐专卖制度的一种新形式——商专卖制。纲法里面的纲册实际上就是一份居垄断地位的大盐商名单，因为只有实力雄厚的盐商才能有资金购买更多的盐引，才能在陈年积压盐引的情况下保持经营甚至还有余资购买套搭的新引。为了维护盐引派发的秩序，有条理地清理陈年积引，在这些纲册刊定之后，其副本“即留与众商，永永百年，据为窝本”，最重要的是，之后将会“每年照册上旧数，派行新引”。而“其册上无名者”不得

[17] 吴慧：《中国盐法史》，社会科学文献出版社，2013。

“钻入”“而与之争鹜”[18]。这就意味着册上无名的商人完全被排斥在该区域盐业买卖之外，食盐专卖在商销环节上更具有垄断性，而且这种垄断性是可以世代承袭的。自此盐商不再是如过去那样流动可变的，且他们在各自引岸之内没有了竞争对手，实现了完全垄断的专卖。到明朝天启年间，政府索性放开了对于食盐采购的控制，直接让各盐商自行采购食盐，官方只管发行盐引，这一方面节省了政府的行政成本，同时也使得盐商对于食盐贩售的垄断性进一步加强。

清朝的盐法制度沿袭了晚明的商专卖制。清朝政府直接略去了官收的环节，将收盐的权力交由商人，从而使盐商产生了新的分工，分别是就场收盐的“场商”与领引办课的“运商”。官府把特权委托给商人，在一定程度上降低了官方在盐业贩卖流程中的参与度，但仍然保持着对盐商的监督管理，这种商专卖形式可以被称作“官督商销”。这种商专卖制度实行之后，盐商（尤其是场商）逐步控制了盐的生产，继而垄断了盐的买卖。清朝政府对这种垄断施加保护与监督主要体现在打击私盐与控制盐价上。官府对私贩盐斤者判刑较重（杖一百，徒三年，拒捕者斩。引领牙人及窝藏寄顿者杖九十徒两年半，挑担驮载者杖八十徒两

[18] 袁世振：《明经世文编卷》四七七《两淮盐政编四·纲册凡例载》，中华书局，1962。

年）[19]，同时购买私盐的人也要受到惩罚（凡买食私盐者杖一百，因而货卖者，杖一百徒三年）[20]。而基于食盐对于平民日常生活的重要性以及前朝盐法败坏的教训，清朝政府对盐价也做了一定的限制，“各处盐价依照市价随时起落，或遵定价划一销卖，自有一定之规，不应随意起落”[21]。这种规定更像是一个“官方指导价”，即给定了盐价的最高价与最低价，而盐商所定的价格可以在这一区间内浮动，如雍正元年（1723）规定盐贱时以一钱一分九厘为章，贵时不得超过一钱二分四厘[22]。虽然商人在定价方面有一定的自主性，但本质上他们的贩盐资格仍然是由政府赋予的，并且各地区的盐业市场世代被个别的盐商家族垄断，因此清朝的盐法制度本质上仍然是官方垄断的专卖制而不是自由贸易，且相比于明朝的官方专卖制，清朝政府通过对盐商的授权还节省了行政成本。

盐业的发展与整个国家的政治局面和经济发展状况息息相

---

[19] 张小也：《清代私盐问题研究》，社会科学文献出版社，2001，第 165 页。

[20] 张小也：《清代私盐问题研究》，社会科学文献出版社，2001，第 165 页。

[21] 中华民国盐政署整理：《清盐法志》卷一《通例·场产门·场灶》，民国九年修本。

[22]《钦定大清会典事例》卷二二三《户部·盐法》，光绪重修本。

关。只有政局稳定、经济发展繁荣的时期，平民百姓才能相对富足，才能有足够的钱财去购买食盐，伴随而来的人口的增长也会进一步增加食盐的销量。同样地，国家处于强盛时期，政府的税源就较为充足，在财政方面不会出现太大危机，也就不会因肆无忌惮地提价卖盐而造成对盐业毁灭性的打击。乾隆皇帝统治时期正是这样的繁荣时代。从康熙朝中期开始，国家统一，社会安定，经济发展，人口增长，食盐的市场需求逐渐扩大，盐商们的生意也逐渐转好。而后雍正皇帝进一步清理盐政，优恤灶户，宽待盐商，将盐业发展的势头保持了下去。乾隆皇帝在前两代帝王的基础之上继续采取减税降价的政策，并筹建盐仓，加强盐运调剂，促进食盐生产与流通的进一步发展。在这些政策的扶持下，随着社会经济的发展，尤其是人口的大规模增长，清朝的盐业在乾隆皇帝统治下达到了全盛时期。

所谓的“预提盐引”政策正是在这一时期出现的。由于人们对食盐的需求量不断增加以及食盐价格相对平稳，乾隆时期的盐业出现了以前从未有过的现象，那就是盐商当年所得盐引上的盐量无法满足市场需求，不得不预支下一年的盐引，用本应在下一年销售的食盐来填补当年供不应求的市场。而从尤拔世的奏折来看，至少在乾隆三十二年（1767），政府对于预提盐引向盐商们征收了一定的附加费用，盐商们即使在多掏钱的情况下依然会进行盐引预提，说明当时盐业生意确实兴旺，在增加了预提的成本之后商人们依然能够赚到钱。乾隆十八年（1753）全国盐课收入“计七百一万四千九百四十一两有奇”[23]，比康熙二十四年（1685年）的课银四百三十七万余两，增长约百分之六十，比顺治末期的二百七十万两更增长约一点六倍[24]，可谓空前繁荣。

而在全国各盐场之中，两淮盐场居于非常重要的地位。两淮盐场的产销量在全国名列前茅，在乾隆时代，两淮盐商每年运销食盐至少六亿斤，供给全国四分之一的人口[25]，“若以全国海盐计之，两淮产数，当首屈一指”[26]。两淮盐业的繁荣从盐商的生活上也可见一斑，在清代戏曲作家李斗的笔记《扬州画舫录》中，非常详细地记录了乾隆时代扬州盐商的奢靡：“初，扬州盐务，竞尚奢丽，一婚嫁丧葬，堂室饮食，衣服舆马，动辄费数十万。……或好马，蓄马数百，每马日费数十金，朝自内出城，暮自城外入，五花灿著，观者目炫。……更有足异者，有欲以万金一时费去者，门下客以金尽买金箔，载至金山塔上，向风扬之，顷刻而散，沿江草树之间，不可收复。又有三千金，尽买苏州不倒翁，流于水

[23] 赵尔巽撰：《清史稿志九十八·食货志四》，中华书局，1998。

[24] 吴慧：《中国盐法史》，社会科学文献出版社，2013。

[25] 何炳棣：《扬州盐商：十八世纪中国商业资本研究》，巫仁恕译，《中国社会经济史研究》，1999年第2期，第59～76页。

[26] 曾仰丰：《中国盐政史》，商务印书馆，1998，第59页。

中，波为之塞。……一时争奇斗异，不可胜记。”[27] 这些两淮盐商虽然还称不上“富可敌国”，但用“富甲一方”来形容肯定不过分，盐商们的巨额财产正是两淮盐业发达的写照。

江南盐商们的这种浮华生活显然与清统治者们想要保持满洲俭朴奋斗精神的努力背道而驰，因此，尽管盐商们为清朝政府的财政做出了很大的贡献，但皇帝对于盐商群体还是持一种复杂的态度。早在雍正初年，雍正皇帝就曾针对盐商的奢侈之风发出谕旨：“朕闻各省盐商，内实空虚，而外甚奢侈。衣服屋宇，穷极华靡；饭食器具，备求工巧；俳优妓乐，恒舞酣歌；宴会嬉游；殆无虚日。……而淮阳为尤甚。使愚民尤而效之，其弊可胜言哉。司盐政者，宜约束商人，严行禁止。出示晓谕，谆切劝诫，使其痛自改悔，庶循礼安分，不致蹈僭越之愆。”[28] 而对于花大力气恢复诸如木兰秋狝这样的满洲传统的乾隆皇帝而言，这种腐化满洲精神的风气尤为需要杜绝。

与雍正皇帝“愚民尤而效之”的担忧不同，乾隆皇帝更为警惕的是江南的歪风对于官员的腐蚀。在乾隆二十七年（1762），乾隆皇帝借着官员刘墉的一份关于江苏省吏治的奏折，对江南的

[27] 李斗：《扬州画舫录》卷六《城北录》，中华书局，1997，第148～149页。

[28]《清实录·雍正朝》，中华书局，2008，雍正元年八月己酉日条。

士习大加斥责：“刘墉……所奏实切中该省吏治恶习。江南士民风尚，多属浮靡喜事，为地方有司者，加以骫骳姑息，遂致渐染日深，牢不可破。故近年封疆懈弛之弊，直省中惟江南为甚。……尹继善、陈宏谋在督抚中剔历最久，而素性好以无事为福，且更事既多上和下睦之风，竟成故智。……积习颓靡，罔知振刷。此等情状，即问之尹继善、陈宏谋当亦难以自解，即托庸之在安徽。……况督抚为庶僚表率，大吏不能振作，阖属谁不承风。然至上行下效，惰窳之势已成，谁任其咎。则朕仍惟于督抚是问耳，尹继善等当从此痛除旧习，刻自淬励，州县官有怠玩相沿，如刘墉所奏各情节，即严行体察，据实参处，若不知自改，而转以被揭尤人更难逃朕洞鉴。”[29]

乾隆皇帝的这番话旗帜鲜明地表达了他自己对于江南民情以及吏治的看法，同时也表明雍正皇帝初政时就有的担忧逐渐变成现实。尹继善、陈宏谋这样督抚一级的高官，理应对江南民间的奢靡之风以及基层官员的腐化懈怠严加约束，但两人居然只求无事多福，对吏治民风问题睁一只眼闭一只眼。这并不仅仅是尹、陈两人为官的性格问题，因为乾隆皇帝在几年之后另一桩官员扰民案件的审理过程中发现，诸如高晋这样颇有才能并且为自己所

---

[29]《清实录·乾隆朝》，中华书局，2008，乾隆二十七年九月庚申日条。

器重的官员依然摆脱不了江南地区恶劣习气的影响，“江南吏治，废弛已久。现在正当督抚更换之时，高晋尤宜加意整顿，力矫积习，何意竟敢于姑息朦混若此”[30]。高晋在案件审理过程中的行为与尹继善、陈宏谋如出一辙，极力为下属脱罪，这让对他有着极高期望的乾隆皇帝愤懑不已：“高晋此事实属昏愦糊涂，负朕恩矣。”[31] 尹继善贵为满洲镶黄旗人，高晋家族也是在雍正年间出包衣抬镶黄旗，高晋本人还是乾隆皇帝慧贤皇贵妃的堂兄弟，两人都可算是满洲旗人官员中的有生力量，然而都在出任江南地区官员时栽了跟头，这意味着江南地区的问题已经逐渐侵入满洲统治的核心地带，乾隆皇帝对此必须采取措施。

从国家的宏观层面上来讲，盐课是政府财政收入的主要来源之一，而两淮盐业又是全国盐业的重中之重，两淮盐场预提盐引上缴的资金既是政府梦寐以求的额外收入，又是可以标榜繁荣盛世的政绩，所以乾隆皇帝对于尤拔世的上奏特别对待也是理所应当的。从局部的江南问题出发，乾隆皇帝从尤拔世的这份奏折上所发现的问题不但指向了遍布恶习的江南吏治，还涉及江南歪风

---

[30]《清实录·乾隆朝》，中华书局，2008，乾隆三十年十二月庚申日条。

[31]《清实录·乾隆朝》，中华书局，2008，乾隆三十年十二月庚申日条。

的代表性群体——盐商。我们可以认为乾隆皇帝在这起案件中的最主要目标是查处贪污官员并查清千万两亏空的去向，但他对江南地区长期的警惕态度无疑在案件发展的过程中起到了推波助澜的作用。关系到国本的盐课收入、关系到统治稳定的官场风气、关系到满洲精神维持的江南问题，三个焦点都集中在这桩两淮盐引案之上，由此可见，这桩由例行上报奏折所引发的大案绝不是乾隆皇帝的小题大做。

破局：跨越奏折制度的藩篱

我们之所以对乾隆皇帝最开始推动案件追查的行为有一种小题大做之感，很大程度上是因为整个案件是建立在一份与贪污亏空毫无关系的例行奏折之上。我们当然不能说名义上拥有无上皇权的乾隆皇帝是在“鸡蛋里挑骨头”，毕竟作为最高统治者的他有权力也有义务对官员的行为进行监督，这也是维持皇权统治、政权稳定的重要机制。但显然这起亏空案件在最开始阶段是完全脱离常规的，更近似于一种“无中生有”。

实际上，同年发生的叫魂妖术案其发端同样可以被称为“无中生有”。早在乾隆三十三年（1768）四月，妖术恐慌就已经在江南地区出现，并造成一系列治安案件，但各地方政府并没有采取有效的措施阻止恐慌的蔓延，也没能够抓到使用妖术的首犯，最重要的是他们没有将相关情况上报给朝廷，大多数案件的审理到了省一级政府就宣告终结了。我们不知道如果乾隆皇帝未能从其他渠道得知相关信息，这起叫魂妖术案是否还会掀起如此大的波澜，但结合嘉庆朝与光绪朝的同类事件来看，假如官方对于这起叫魂妖术案进行“冷处理”，那么它对整个国家所造成的影响是可以控制的。尤其是，即使经过轰轰烈烈的全国性追剿，朝廷依然未能抓到这起案件的首犯，这从另一侧面也说明官方对于案件事实的认识与估计是有所偏差的。而这一桩本来可以控制在一定范围内的案件，在乾隆皇帝得知消息并介入后，演变成一起波及全国的政治大案，也可谓“低开高走”了。

乾隆三十三年（1768）发生的这两桩案件，在发端的阶段呈现出了相似的情况，这源于两桩案件都脱离了清朝统治中一项常规的政治制度。无论是在叫魂妖术案中，还是在两淮盐引案中，所有关于案件的最初信息都不是来源于官僚机构专门应对此类事件的常规信息传递制度——奏折制度[32]。就既有的政治制度而言，无

[32] 两淮预提盐引案的源头虽然是常规的奏折，但显然两淮盐政尤拔世的上奏并不是针对其他官员的参劾，甚至也不是对于两淮盐政钱库亏空的汇报，所以就其后面所引发的案件性质而言，这份奏折是不能归到这件贪污案所对应的常规信息传递制度中去的。

论是官员的品行不端，还是民间发生的各种非常事件，居于紫禁城的乾隆皇帝都应该首先通过常规的官员奏折来获得信息。而在这两桩案件中，原应起到信息传递作用的奏折反而处于缺位状态。两淮盐引案的信息是来自乾隆皇帝个人的“灵光一现”，而在叫魂妖术案中，乾隆皇帝的信息来源在他的第一道关于案件的谕旨中用一个“闻”字一笔带过[33]，这种对于消息源头的模糊处理与上谕惯用的格式内容大相径庭。一般来讲，谕旨往往是对于臣下所奏之事的回应，因为身居京城的皇帝基本上都是通过官员的奏折来了解全国各地的情况，继而做出各种统治决策。所以一般在上谕的开头，皇帝要么会说明自己这道谕旨是根据某位官员上报的情况做出的，要么会直接点出这道谕旨是给某位官员的指示（实际上这位受指示的官员也多半就是上奏的官员）。而在叫魂妖术案的第一道上谕中，我们无法找到一个确切的姓名，直到关于案件的第二道上谕中，我们才看到山东巡抚富尼汉的名字，因为乾隆皇帝此时得到了富尼汉关于抓获犯人的奏折，他需要根据案件此时的发展来做出下一步指示。通过对两道奏折的对比，我们有理由相信，乾隆皇帝关于叫魂妖术案的信息是来自常规信息传递制度之外的。

---

[33] 原文为“上谕闻浙江一带有传言起建桥座，因而偷割发辫、衣襟等物……并须不动声色，妥协查办，不得任听胥役人等，从中藉端滋事，致累闾阎。”

那么，常规的奏折为何在这两桩案件中处于缺失状态呢？

正如本文开头所提到的，对于清朝的统治者来说，想要治理好一个幅员辽阔的帝国，必须保证政权内上下信息传递的通畅。尤其在皇权统治的语境下，一个政权的存续与发展很大程度上取决于皇帝的作为，而居于京城的皇帝在进行各项政治决策时，又必须基于来自全国各地的信息。因此建立一个良好的信息传递制度对于一个皇权统治政权是非常重要的。

清初承袭明朝的奏章制度，由下报上的文书分为题本、奏本两种，“国朝定制。臣民具疏上闻者为奏本，诸司公事为题本”[34]，题本钤官印，奏本则不钤。在这里，奏本与题本的主要区别在于所报之事的性质，如果上报的是私事则用奏本，如果是上报与官员所在部门相关的公事，则用题本。但在实际应用过程中，官员经常会出现公私混淆而用错的情况。实际上，出现这种情况的原因除了官员的粗心大意之外，还有两者本身在内容规定上的模糊不清。比如在雍正七年（1729）关于题本、奏本内容的规定中，很多事务实际上同属一类，却要分用题本和奏本：同样是上报官员流动事务，“各官到任接印，离任交印及奉到敕谕”要用题本，而“至各官到任升转、加级记录”则要用奏本；同样是对皇上谢

[34] 清官修：《大清五朝会典·康熙会典》，线装书局，2006，第644页。

恩，“或系谢恩，并代通省官民庆贺陈谢”要用题本，而“或特荷赏赉谢恩，或代所属专员谢恩者”则要用奏本。这些皇权统治中的繁文缛节给上下信息的传递造成了巨大阻碍，这也是之后清统治者对信息传递制度进行改革并建立奏折制度的主要原因[35]。

对于奏折制度的起始年代，史家有诸多争议。“奏折”一词最早在顺治朝的史料记录中就已出现[36]，但由于目前清代考古未能发现来自顺治朝的奏折实物，所以这条史料记录中的“奏折”，有可能是顺治皇帝原谕由满译汉过程中的错译[37]。即使说奏折真的创始于顺治朝，也可能只是小范围的试用[38]。结合当前考古的成果，大多数历史学家认为奏折制度是在康熙时期逐渐形成与推广的。

奏折最初是一种非正式文书。康熙朝有关奏折最早的史料记载是在康熙二十年（1681）十月，“大学士、学士等会同户部并仓场，为漕运冻阻，具折请旨……此折著户部领去，具本来奏。

---

[35] 庄吉发：《清朝奏折制度》，故宫出版社，2016。

[36] 朱金甫：《清代奏折制度考源及其他》，《故宫博物院院刊》，1986 年第 2 期，第 10～19 页。

[37] 朱金甫：《清代奏折制度考源及其他》，《故宫博物院院刊》，1986 年第 2 期，第 10～19 页。

[38] 关孝廉：《再论奏折起源及其特点》，《明清档案与历史研究论文集》上册，中国友谊出版公司，2000。

尔等将此情节票上，著严行议奏”[39]。从这条记录中我们可以看出，这一时期的奏折与原有的题本十分相似，都是以公事上奏，而这份奏折由户部领去之后，还要重新草拟题本“具本来奏”，此时的奏折更像是一种临时性的非正式题本。但值得注意的是，奏折与题本之间有一个很大的不同，那就是题本需要通过通政使司进呈给皇帝，而奏折则是在皇帝听政时由具奏部门或官员个人直接面呈。奏折的这一特点成为后来清朝统治者完善并继续推行奏折制度的主要原因。

在康熙三十年（1691）左右，康熙皇帝陆续派遣自己的亲信——内务府包衣曹寅和李煦分别出任江宁织造和苏州织造，并特许他们使用折子上奏事务。由于他们长时间身在外地，不能像京城官员一样面呈奏折，因此皇帝允许他们通过亲信或家人将奏折直接送到皇宫内廷，而这些奏折也照例不必经手通政使司。此时，奏折的性质开始发生改变。在康熙三十二年（1693）七月来自李煦的奏折上，康熙皇帝曾写下朱批：“凡有奏贴，万不可与人知道。”[40]这句批语道出了奏折制度的机要所在，那就是它具有

---

[39]《康熙起居注》，中华书局，1984，康熙二十年十月初二日条，中国第一历史档案馆藏。

[40]《李煦奏折》，中华书局，1976，第 2 页，故宫博物院明清档案部藏。

高度的保密性，几乎能够做到官员与皇帝点对点直接交流，此时的奏折也可以被称为“密折”。之后，康熙皇帝逐步给予一些地方要员使用奏折的权力，奏折制度开始逐渐建立起来。很明显，对于皇帝来说，奏折制度的最大作用就是增强了信息传递的保密性，扩大了地方情报的来源，同时也加强了官员之间的相互监视。点对点的单线联系使皇帝能够获知许多正式题本以外的信息，包括地方政事、官员品行、边疆战事等。奏折的保密性使官员能够向皇帝畅所欲言，汇报一些不宜公开披露的信息。尤其是随着使用奏折官员的不断增多，许多下级官员可以绕过主管上级直接向皇帝报告，这就意味着地方要员想要隐瞒一些事端（比如民间对于妖术的恐慌）变得不再容易。同时，这种机要密折会鼓励官员对自己同僚们的不法行为（比如侵占两淮盐课收入）参劾举报，这使皇帝在原有的官员监察考核制度之外以极小的成本又建立起一个非正式的官僚监视网络。从宏观上看，奏折制度是一对多的机密性信息传递制度，所有信息最后都聚集于皇帝一人。皇帝通过这种方式实现了皇权的向下渗透，上奏密折的官员得到了额外的权力，也承受着额外的压力——他们必须让自己的密折显得更有价值，才不会辜负皇帝的信任。

但在乾隆三十三年（1768）的案例中，奏折作为正式化的信息传递渠道却成为造成皇权运作困境的一个重要因素，这说明康熙皇帝设立此项制度的初衷已被逐渐改变。

雍正时期，享有上奏折权力的官员范围逐渐扩大，除了总督、巡抚这一级别的地方要员之外，布政使、按察使、学政等地方官员，甚至某些相对低级别的道员、知府、副将也可以直接向皇帝上呈奏折。随着上奏折的官员越来越多，奏折中所涉及的内容也越来越庞杂。原来奏折只是皇帝与亲信间的秘密往来，所探讨的大多是亲信在地方所打探到的各种消息。而之后众多官员所上的奏折内容越来越趋同于题本，从各地方农业收成、雨雪情况到灾害赈济、粮价波动等不一而足。雍正时期的很多重大改革政策都是先由君臣在奏折往来中商讨之后才对外公布并实行的。雍正皇帝还对科道人员的上奏做了规定，各科道“每人一日上一密折，轮流具奏，或二三人同日各奏一折。一折只言一事，无论大小时务，皆许据实陈之”[41]。这就形成了一种轮班奏事的制度，各官员照此规定安排上奏时间与奏折内容，在一定程度上提高了奏事的效率。最后，雍正皇帝把矛头对准了奏折制度的保密问题。这种点对点的传递仍然在某些环节存在着泄密的风险，比如雍正二年（1724）就曾有几位地方大员派亲信到京城拆看奏折，以便结合当时京城朝廷的形势再决定上奏与否，他们甚至连皇帝的朱批也提前拆阅，以求及早采取应对措施。而在官员一端则存在着更大的泄密可能。在雍正七年（1729）对宁夏道鄂昌一道奏

[41]《清实录·雍正朝》，中华书局，2008，雍正元年二月乙丑日条。

折的朱批中，雍正皇帝强调："密之一字，最为紧要，不可令一人知之，即汝叔鄂尔泰亦不必令知。假若借此擅作威福，挟制上司，凌人舞弊，少存私意于其间，岂但非荣事，反为取祸之捷径也。"[42] 从这份奏折中我们可以看出雍正皇帝对于泄密的担忧。为了维持奏折制度的保密性，雍正皇帝即位后规定，所有经过朱批的奏折，在发回具奏人遵行后，必须在当年底上缴朝廷保存以尽量减少泄密的可能。尽管雍正皇帝对奏折制度进行了如此多的建设与维护，但奏折制度在雍正时期的发展最终还是导致了其制度活性的丧失。

进入乾隆统治时期后，鉴于奏本的功用日渐薄弱，乾隆皇帝于乾隆十八年（1753）废除了奏本，将原先奏本上报内容并入题本。而奏折的地位则进一步提升，逐渐成为与题本并行的正式文书。对比雍正朝，乾隆皇帝进一步扩大了奏折的内容，几乎达到了事无巨细的程度，此时的奏折在内容上已与过去的题本、奏本没有太大的差别了，而这又造成了题本和奏折两种文书在使用上的混淆。于是在乾隆五十八年（1793），乾隆皇帝明确了奏折与题本的区别，凡是用奏折上报的内容不必复具题本，反之亦然。至此，奏折从曾经的亲信密折变成正式的国家

[42]《雍正朝朱批奏折》，雍正七年六月十八日，中国第一历史档案馆藏。

文书。

回过头来，我们需要重新思考一个问题，那就是奏折制度最开始作为皇权向下延伸的手段，它的核心要义是什么？康熙皇帝之所以要在他与亲信之间建立这样一种私密的信息渠道，就是为了得到一些正式题本、奏本以外的信息，尤其是涉及地方官员自身品行的情报。而之后使用奏折人员范围的适当扩大则在保密性的基础之上调动了官员的积极性，使官员之间形成了一种互相监视的网络。但从雍正时期开始，奏折制度却不断朝着正式化、常规化的方向发展，这与奏折制度当初设立的目的背道而驰。

到了乾隆时期，奏折已经完全成为一种正式文书，几乎所有中上层的官员都可以使用奏折向皇帝上奏，它不再是皇帝信任的官员才拥有的特权。官员奏折里的内容越来越日常，真正对皇帝有用的信息被淹没在众多无关痛痒的事务中。而奏折使用特权的泛化完全消磨掉了官员的积极性，官员不但没有了被皇帝青睐的感觉，还有可能因为上奏人员的增多而有了顾虑之心，不再敢畅所欲言。而对于乾隆皇帝来说，奏折的正式化也使他面临繁重的政务压力，他每天不得不阅读大量奏折，这与康熙皇帝可以仔细阅读少量亲信密折的情形完全不同。因此乾隆皇帝虽然仍坚持亲自批阅奏折，但对于一些他认为比较常规化，没什么重要信息奏折的批语以“知道了”“阅”“该部议奏”等格式化内容居多[43]。无论是对官员来讲，还是对乾隆皇帝来说，奏折已经完全失去了其作为非正式信息传递渠道的角色。

更为重要的是，奏折制度的保密性在乾隆时期也逐渐消失。与康熙、雍正两代皇帝对于奏折保密性的重视不同，随着奏折制度的常规化，乾隆皇帝似乎放弃了自己对于信息的独占权，他甚至允许各地督抚先行审阅藩臬两司所上奏折，各位官员还可以在上奏前互相讨论，互通信息后再写折上呈。乾隆皇帝还经常把一些涉及地方事务的奏折直接批转给各总督巡抚研究和执行，“向来藩臬条陈，不过各就该省之钱谷刑名事件，摭拾敷衍。朕或批交督抚议覆，或批令告之督抚，酌量可行则行。是地方公务，原不妨彼此商榷，其事转无甚关碍”[44]。此时，乾隆皇帝不但放弃了对奏折保密性的要求，自己还充当了一个泄密者。

乾隆三十四年（1769）九月，贵州巡抚良卿参劾知州刘标亏空库帑十余万两，又参粮储道永泰失察。结果在乾隆皇帝将永泰、刘标交由良卿查办之后，两人反诉良卿及原任贵州巡抚方世俊勒索下属，并提供了相关证据。在乾隆皇帝的介入下，历经近半年

---

[43] 刘文鹏：《盛世背后：乾隆时代的伪稿案研究》，人民出版社，2014。

[44]《清实录·乾隆朝》，中华书局，2008，乾隆三十六年四月戊寅日条。

的调查，良卿与方世俊的罪行得到核实。乾隆三十五年（1770）二月，良卿在贵州处斩，方世俊则被乾隆皇帝定为斩监候，入秋后伏法。对比乾隆朝的其他贪污案，这起案件的涉案金额算不上惊人，但它却暴露了乾隆时期奏折制度的问题。贵州连续两任巡抚良卿、方世俊勒索下属多年，整个贵州省从上到下没有一个人上奏折揭发，反而还有下属与两任巡抚沆瀣一气受贿贪污甚至贩卖官库银两。要不是良卿"偷鸡不成蚀把米"去参劾两位下属，刘标和永泰也不会被逼无奈而揭发上司。当官员的奏折已经无法维持保密性时，地方官员怎么会冒险去揭发自己的上司呢？

奏折制度之所以在康熙时期成为君臣博弈中皇帝所采取的有效策略，是因为它将官员进行了分化，形成了可使用密折与皇帝交流的特权官员和无特权官员。对于官员来说，得到了皇帝的青睐，拥有了特权自然要好好表现，而奏折的保密性又可以降低他们得罪同僚成为"出头鸟"的可能性，对于吏治弊事的揭发还可能对自己的仕途发展起到正面的作用，此时官员内部被打散成更零碎的个体，从而形成一种相互监督的网络。但进入雍正时期，再到乾隆皇帝统治的阶段，奏折制度的内部分化能力完全消失。奏折权的扩大打击了官员的积极性，而保密性的消失使得官员在揭弊的同时面临被打击报复的危险，尤其是低级别官员的奏折本身就要经过上司的审查，这就从根本上扼杀了下层官员参劾高官的可能性。此时的官僚群体在某种程度上成了铁板一块，大家一起枉法能够满足个人利益，而上奏折揭发吏弊却几乎没有好处。此时，单以作为君臣之间博弈的策略而言，奏折制度是没有效果的。乾隆时期的信息传递制度又回到了奏折制度建立之前的状态，官员可以继续利用对信息源头的控制来阻止皇帝权力对官僚行政尤其是地方政治的渗透，官员逐渐在君臣对于信息源的争夺中占了上风。

那么对于乾隆皇帝而言，该如何突破现有奏折制度下官员对于信息来源的独占？该如何打破由信息管控所造成的皇权运作的困境？他显然很难像自己的祖父康熙皇帝那样再重新建立一整套信息传递制度。奏折制度之所以在雍正时期产生变动，很大程度上是因为雍正皇帝在经历了激烈残酷的夺位之争后急于稳固自己的统治，而想尽可能地掌控整个官僚集团，并建立自己的亲信集团。而目睹父亲执政历程的乾隆皇帝同样也深知控制官员的重要性，因此也想尽可能地扩大自己对于官员的影响，其自负的性格也让他相信自己能够应对大量的奏折批阅。对于乾隆皇帝来说，当前的奏折制度是他一手改造的，他虽然在贵州贪赃勒索案后提出了“而该省藩臬，初何尝于朕前奏及一语”[45]的疑问，但也很难对现有的信息传递制度进行逆转，因为至少从表面来看，奏折

---

[45]《清实录·乾隆朝》，中华书局，2008，乾隆三十六年四月戊寅日条。

制度扩大了皇帝对于官员行为的掌握范围，而重新再将奏折制度的涉及面缩小显然不符合乾隆皇帝改制所要达到的目的。

除了奏折制度以外，在常规制度下乾隆皇帝争夺信息的办法已然不多。他剩下所能采取的措施就是严惩瞒报和谎报的官员了。但正如我们之前在清缅战争中看到的，惩罚对官员几乎没有什么震慑的效果，也无法促使后继的官员放弃瞒报和谎报的决策。这种结果也是基于奏折制度所造成的信息不对等的情况，官员知道自己几乎垄断了皇帝在地方的信息来源，除非有同僚打小报告或者平民阶层去告御状，否则还是有很大的概率瞒过皇帝的，因此才会这样肆无忌惮地欺上。

此时的乾隆皇帝需要尝试从常规制度之外找到突破此种困局的方法。

乾隆皇帝的第一种尝试就是利用那些与官僚体制若即若离的亲信。而这种办法从某种程度上来讲就是康熙时期密奏的翻版。在叫魂妖术案中，乾隆皇帝的消息有可能就来源于自己在江南的密探，这些信息源确实在这一案件中突破了原有奏折制度对于信息的阻隔。但我们也看到，这些由乾隆皇帝安插的密探提供的信息同样也是滞后的，这种滞后要么可能是这些亲信的信息经由非官方渠道传递时的效率过低，要么是这些亲信根本就没有意识到民间的这些治安案件背后所承载的意义。更为重要的是，如康熙时期担任皇帝耳目的李煦、曹寅，虽然其担任的织造的官职隶属于内廷，但他们也都是拥有品级的官员（实际上两人后来都被康熙皇帝委以外朝官职以管理两淮盐政）。作为官僚群体中的一员，这些皇帝的耳目久居地方，与地方各官员也会有一些交往互动，很难保证他们在盘根错节的地方官僚系统中保持独立。即使这些亲信不会像贵州案件里的地方官员那样多年缄口不言，也难保不会对信息做部分隐瞒。而且，乾隆皇帝的亲信数量是有限的，这也就意味着他凭借秘密渠道的信息完全掌握全国地方状况的想法是无法实现的。归根结底，无论是依靠官员的奏折上报，还是凭借安插在地方的亲信通风报信，皇帝对于信息的接收都是被动的。偌大帝国中所出现的问题需要官员的主动上报才能令乾隆皇帝知晓，即便乾隆皇帝主动想要获知某些方面的信息，他仍然首先要将这一意愿下达给官员，然后由官员去获取具体信息再来上报。在这种情况下，一旦某些信息损害了官员的个体利益，那么官员就会想方设法地隐瞒。这就是我们所说的皇权统治的一对基本矛盾，即作为皇帝的单独个体与治理一个纷繁复杂的大帝国之间的矛盾。皇权统治无法绕过官僚体制来维持自己的政权，远在京城的皇帝也必须依靠庞大的官僚集团来实现对国家的治理，这种依赖性使无上的皇权无法真正被无限使用，奏折制度就是这一矛盾的一种体现。

深居紫禁城的皇帝对于地方的信息获知处在天然弱势地位的情况是很难改变的，那么也许乾隆皇帝所能采取的最为有效的办法就是完全跳出这种常规信息制度，甚至不借助他人来获得信息。但这种方式在偌大的帝国治理中能够实现吗？

乾隆四十六年（1781），甘肃发生了一起轰动朝野的贪污案——甘肃纳捐冒赈案。这起案件涉案金额之大，涉案人员之多，是自清政权建立以来罕见的，因此也被称为“清代第一大贪污案”[46]。甘肃省素来土地贫瘠，天灾较多，百姓贫穷，每年户部都要拨款采买粮食以赈恤灾民。为了节省国库资金，从乾隆二十五年（1760）开始，朝廷特许外省商民赴甘肃缴粮捐纳监生。通过这一方式，富裕商民子弟不用进京入国子监读书就可以获得监生资格，之后便可以参加科举考试，或者在捐监的基础上加捐官职，甚至能直接入仕做官。因此对于许多富家子弟来说，捐监是他们走入仕途最为便捷的渠道。甘肃省每年粮钱缺口较大，为了鼓励外省商民多捐，其开捐定价很低，吸引了众多有需求者。捐纳粮食数额的不断增大引发了一系列的贪污案件，许多官员利用捐纳的粮食中饱私囊，乾隆皇帝被迫中止甘肃省的纳捐，恢复户部每年划拨固定款项用于救济贫民的定例。至乾隆三十九年（1774），甘肃地方官员因缺粮而要求重开纳捐的呼声愈来愈高，

---

[46] 姜洪源：《“甘肃冒赈案”：清代第一大贪污案》，《档案春秋》，2006年第1期，第40～42页。

陕甘总督勒尔谨奏请恢复纳捐旧例，在军机大臣于敏中的协力斡旋下，乾隆皇帝同意重开纳捐，并特意选调了一位自己认为精明能干的官员王亶望主管相关事宜。这位王亶望，正是这起甘肃纳捐冒赈案的主犯之一。

王亶望从主持捐监工作的一开始，就将自己的手伸向了纳捐的银两。他首先私自篡改了纳捐规则，将必须上缴粮食变为可折银替代，这样就为官员的贪污大开便利之门。之后，王亶望串通各州县官员谎报灾情，以骗取朝廷更多的纳捐定额。自乾隆三十九年（1774）重开纳捐，到乾隆四十六年（1781）案发，甘肃省共有二十七万余名纳捐的监生，共收银一千五百多万两，其涉案金额之大，历史罕见。而另一方面，这起案件的涉案官员超过二百人，最后处置了一百七十余人，其中有五十六人被处斩，可以说整个甘肃省的官场从上到下已到了“洪洞县里无好人”的地步[47]。涉案人员之多，处置官员之多，全省集体性腐败之触目惊心也是史上少见。

我们暂时先抛开这桩贪污案惊人的案情不谈，实际上甘肃纳捐冒赈案是反映乾隆时期信息传递制度缺陷最为贴切的案例。以王亶望为首的甘肃官员贪赃枉法近七年之久，侵吞国家赈济

---

[47] 卢经：《乾隆朝甘肃捐监冒赈众贪案》，《历史档案》，2001 年第 3 期：第 80～88 页。

贫民的资金千万余两，如此大的官场弊案，朝廷上下居然无一人奏折上报。尤其是统管甘肃省的最高行政长官陕甘总督勒尔谨，居然对手下官员多年的犯罪行为未发一言。后来在案件审讯中，勒尔谨称自己对王亶望等官员的行为略有风闻，也曾派人密查，但“委员密查几遍，怎奈委文官去，文官说是没有此事，委武官去，武官也说是没有此事。通省就把我蒙蔽起来，我想不出怎么样可以查他们的弊，我做总督就如死人一般”[48]。我们暂且认为勒尔谨的这番证词体现了他内心的真实想法，那么很显然乾隆时期的奏折制度在处理官场弊案时存在非常大的缺陷。一旦出现如甘肃纳捐冒赈案这样的集体性窝案，几乎全省官员都牵涉其中，主管的总督都打探不到消息，如何能指望涉案的官员自揭疮疤？退一步讲，即使总督勒尔谨能够拿到属下贪赃的真凭实据，那么他就一定会向上奏报吗？自己治下省份出了如此大案，他难道能安然无恙吗？到时候他说不定也会选择知情不报以逃脱自己的责任，毕竟这些犯罪行为已延续近七年之久而未被揭发，主犯王亶望早在乾隆四十二年（1777）便已从甘肃调到浙江为官了，案件说不定就此能不了了之。如果以个人利益衡量，勒尔谨多半会选择息事宁人。此事件中，

---

[48] 中国第一历史档案馆编：《乾隆朝惩办贪污档案选编》，中华书局，1994，第 1281 页。

信息传递制度对皇权运作乃至帝国政治所造成的困难格外难以突破，甘肃省的官员不仅将利害信息隐瞒不报，相互之间还产生了利益关系，这就意味着官员内部根本不会有人上奏皇帝揭发这一弊案，几乎从根本上堵死了乾隆皇帝获知信息的所有渠道。

那么，这桩被一省官员层层信息封锁的贪污案是如何败露的呢？

乾隆年间，甘肃爆发了苏四十三、田五领导的回民起义，这也是乾隆统治时期为数不多的地方武装叛乱。起义本身并没有什么可言之处，起义军未能攻下兰州城，后来在阿桂及福康安的领导下，清军用了三个多月的时间将叛乱平息。虽然说三个月时间也不算长，但乾隆皇帝显然对此很不满意，尤其是总督勒尔谨在起义的开始阶段未能有效平息事态，竟被数量有限的起义军围困兰州，终日安坐衙署，一筹莫展。得知此情形的乾隆皇帝认为“勒尔谨如此办理错谬，其罪甚大，难以姑容”[49]，将其交由刑部处置。同时，乾隆皇帝还想起另外一名同在兰州城的官员王廷赞，这位甘肃布政使刚刚因为防御兰州城有功而受到皇帝的赏赐，但勒尔谨的问题牵连到了他，乾隆皇帝认为“勒尔谨如此错误，而

---

[49]《清实录·乾隆朝》，中华书局，2008，乾隆四十六年四月庚午日条。

伊竟随同观望，迁延误事，如此行为，恐尚有不可信之事”[50]，下旨暂时将王廷赞调离甘肃，让其来京觐见。

事情发展到这里其实也没有什么太大问题，王廷赞已是一位年过六旬的官场老人，也是一位非常有能力的官员，在历任的官位上兢兢业业，因此一路高升至甘肃布政使，乾隆皇帝曾经称赞他“朴诚干练，事事认真”[51]。皇帝将王廷赞叫来京城的目的可能就是想听听这位守城有功的官员为什么没有协助勒尔谨突破围困，其中是否有一些隐情，尤其是在勒尔谨已被查办的情况下，王廷赞完全可以尽量推卸自己的责任，即使真的获罪受罚也不会太严重。

然而不知王廷赞是因有罪而心虚，还是急于在皇帝面前表现，五月初他上了一道奏折，“将历年积存廉俸银四万两，缴贮甘肃藩库，以资兵饷”[52]。在甘肃战事刚消弭之际，这种本应算是为国纾难的行为却引起了乾隆皇帝的注意。清承明制，官员法定的俸禄少得可怜，像布政使这样的从二品级别，一年只有不到

---

[50]《清实录·乾隆朝》，中华书局，2008，乾隆四十六年四月壬申日条。

[51]《清实录·乾隆朝》，中华书局，2008，乾隆四十二年七月丙子日条。

[52]《乾隆朝军机处随手登记档》，乾隆四十六年五月十六日条，中国第一历史档案馆藏。

二百两的薪俸[53]，几乎可以忽略不计，而养廉银相对较多，在乾隆时期王廷赞所任的甘肃布政使职位每年可拿到八千两左右的养廉银[54]。问题是王廷赞自乾隆四十二年（1777）五月就任甘肃布政使，到这时刚满四年，即使再算上之前他任宁夏知府、甘凉道及宁夏道道台的两年，总共累加的俸禄和养廉银也不够四万两。而在乾隆四十年（1775）之前王廷赞就只是个五品的同知，一年薪俸加养廉银也就八百两左右的收入[55]。更何况每年必需的办公、家用开支也数目繁多，因此单靠做官的合法所得，王廷赞是无论如何也凑不出这四万两的。想到这，乾隆皇帝有了一连串的疑问："因思王廷赞仅任甘肃藩司，何以家计充裕？甘省地方本为瘠薄，而藩司何以佥称美缺？若云有营私贪黩之事，何以王廷赞在任多年，并无声名不好之处？"[56]皇帝继而又联想到另外一位官员捐

[53]《钦定四库全书史部·钦定大清会典》卷十八《俸饷》，乾隆二十九年修，未出版古籍刻本。

[54]《钦定大清会典事例》卷二百六十二《户部·俸饷·外官养廉二》，光绪重修本，未出版古籍刻本。

[55]《钦定大清会典事例》卷二百六十二《户部·俸饷·外官养廉二》，光绪重修本，未出版古籍刻本。

[56]《清实录·乾隆朝》，中华书局，2008，乾隆四十六年五月丙申日条。

银的事件，那就是浙江巡抚王亶望为办理海塘工程前前后后缴银达五十万两，而这位王亶望在乾隆四十二年（1777）升为浙江巡抚之前正是王廷赞的前任，也是甘肃纳捐监生政策的主要执行人。乾隆皇帝认为王亶望“伊在浙未久，其坐拥厚赀，当即在甘省任内所得。因思甘省收捐监粮，其中必有私收折色，多得平余情弊”[57]，即刻遣阿桂、李侍尧对王廷赞、王亶望进行就地审查，并赴甘肃继续访查。至此，这起被甘肃众官员隐瞒近七年的特大贪污案才浮出水面。

当我们回顾甘肃纳捐冒赈案的案发过程时，不禁也将其与两淮盐引案相联系。应该说，两桩案件被揭发的方式是非常相似的，都是在官员通过常规奏折向皇帝上报日常事务时，被乾隆皇帝发现了问题与疑点，从而牵扯出贪赃案件。无论是尤拔世关于预提盐引资金归库的奏折，还是王廷赞自愿捐献养廉俸银的奏折，都不是揭露弊案的参劾，只因为读奏折的皇帝太过仔细，脑子也太过灵活，硬是从看似毫无关联的白纸黑字中“无中生有”出了直指官员的重大罪案。

这种情况在乾隆统治时期并不少见。乾隆四年（1739）二月，乾隆皇帝在阅读工部每月例行上报的奏折时，发现工部为修

[57]《清实录·乾隆朝》，中华书局，2008，乾隆四十六年五月丙申日条。

理太庙的宫灯而领了三百两银子。本来三百两银子对于皇帝来说是个不足挂齿的小数目，但乾隆皇帝却由自己之前的亲眼观察而有了疑问："看来此灯不过略为粘补修理，何至用银如许之多？且朕恭祭太庙时，见灯穗颜色俱已不鲜，是以降旨。"[58] 显然，工部官员既然敢在月折中将三百两的用度写入，就表明他们根本不认为这会引发什么大问题，于是敷衍上奏说这些银两是预领的，将来灯修完了会将多出来的银两上缴，企图以此蒙混过关。哪知乾隆皇帝虽然日理万机，却熟悉工程事务的规例，他在谕旨中揭穿了工部官员的伎俩："凡有工程，例应先估后领，岂可一任司官冒领侵欺。"[59] 结果就因为这例行上报的奏折，整个工部的官员或降级，或罚俸，这种大面积的处罚在之前也是很少见的。

而乾隆五十九年（1794）的巴宁阿案件则更为离奇。乾隆五十九年（1794）六月，乾隆皇帝驻跸热河。初二日，热河下起了大雨，致使安远庙大殿前坡的多块琉璃瓦脱落，并砸坏下面的两层檐瓦。闻听此事的乾隆皇帝很快将矛头对准了监修安远庙的官员巴宁阿。一方面，巴宁阿在修庙时"……曾在朕前面奏，有他人监工，多不肯常川亲看，致有偷减浮冒等弊。奴才受恩深重，不论大小各工，皆系亲身不时督查，方得工归实用，帑不虚糜之

---

[58]《清实录·乾隆朝》，中华书局，2008，乾隆四年二月丁亥日条。

[59]《清实录·乾隆朝》，中华书局，2008，乾隆四年二月丁亥日条。

语”[60]，如今庙瓦坍塌，足见巴宁阿之所奏失实。另一方面，乾隆皇帝认为这一诡异的偶发事件“或冥冥之中另有别项昧良害理之事，是以佛天不佑，令其败露。不然，何以京城、热河此等高大殿座不一而足，从未有瓦片脱落之事”[61]。他立刻想到巴宁阿之前一直在扬州主管两淮地区盐政，这一涉及诸多钱财来往的部门一向是弊案丛生，“则前在扬州，必有营私数货之事”[62]。于是派定亲王绵恩查抄巴宁阿资财房屋，同时也传谕江苏巡抚奇丰探查巴宁阿在扬州时是否有贪渎情节。结果查实巴宁阿在两淮盐政任内与汪姓商人结交联宗，认总商之子洪广顺为门生，看买婢妾，又收受银三万两[63]。最后，不但巴宁阿被按律惩处，前任盐政董椿、江苏巡抚奇丰和两江总督书麟也因为失察纷纷被罚。

奏折制度在乾隆时期的发展，是越来越有利于官员进行信息

---

[60]《乾隆朝上谕档》，乾隆五十九年六月初三日条，中国第一历史档案馆藏。

[61]《乾隆朝上谕档》，乾隆五十九年六月初三日条，中国第一历史档案馆藏。

[62]《乾隆朝上谕档》，乾隆五十九年六月初三日条，中国第一历史档案馆藏。

[63]《乾隆朝上谕档》，乾隆五十九年七月十九日条，中国第一历史档案馆藏。

控制的。当居于京城的乾隆皇帝所能得到的有效信息越来越少时，常规的奏折制度就成了他皇权向下延伸的障碍，这也是叫魂妖术案中乾隆皇帝从一开始就处于被动局面的原因。在不能推翻原有奏折制度的情况下，如何越过信息的阻隔是乾隆皇帝亟待解决的问题。重整亲信队伍，继续在地方安插密探可以作为一种解决方式，但在叫魂妖术案中，这种方式所取得的效果并不算太好。而在以两淮盐引案为代表的几个案例中，我们看到了乾隆皇帝对信息控制权进行争夺的另一种方式。

乾隆皇帝是一个天资聪颖的统治者。他博闻强识，既深谙诸如工部施工用度耗费的规例，还知晓各级官员养廉俸银的收入水平。他也善于联想与推理，可以将当时分属两地的官员王廷赞与王亶望勾连一起并聚焦于甘肃纳捐事务之上。更重要的是，他是一位对待自己本职工作十分认真的皇帝，他每天的理政时间长达七个小时[64]，而就我们所看到的这几个案例而言，他在阅读奏折时保持着敏锐的洞察力，能在看似平常的奏折之中发现问题与矛盾，在完全的信息隔绝中揪出一桩又一桩的官场弊案。而这正是乾隆皇帝尝试走出官员们对他信息封锁的方法，也是他在君臣博弈中所使用的独特策略。

乾隆皇帝的这种手段，实际上是在常规的奏折制度之上加入

[64] 吴十洲：《乾隆一日》，山东画报出版社，2006。

了非常规的、偶然的因素，而这种因素是紧紧嵌在常规制度中无法剥离的，这就意味着官员虽然可以凭自己的意志选择所上报的信息，却无法避免乾隆皇帝另有他意的阅读。之所以说它是非常规的，是因为这种手段完全脱离了奏折制度信息流通的本质，将其变为一种审查机制。从表面上来看，官员的奏折内容与随后引发的案件几乎是无关的，但乾隆皇帝却在其中找到了两者之间勾连的线索。而这种非常规是无法在奏折制度中被消除的，官员可以将自认为不利的信息排除在奏折之外，但不能不上奏折。官员也许认为这些经过自我审查的奏折可以使自己高枕无忧，但对于乾隆皇帝来说，只要有信息到了手中，他就有可能从中发现问题。这就给官员出了一道难题：除非他们完全不上奏折，否则就有可能会不自觉地将一些不该透露的信息传递给最不该知道的人。在这种情势下，除非一位官员能够保证在其整个官场生涯的信息往来中做到滴水不漏，否则都会面临被乾隆皇帝发现问题的危险。毕竟连因大雨房屋垮塌这样的偶然事件都能置人于死地，还有什么事情是官员能掌控的呢?

但就两淮盐引案及类似案件而言，乾隆皇帝对奏折的非常规使用仅仅是一个开始，对于追求“仁德明君”评价的乾隆皇帝来说，他不可能仅凭借自己从奏折中所找出的问题或遇到的不解就直接给官员定罪，这是“暴君”才有的行为。因此，在关于这些案件最初的上谕中，乾隆皇帝在针对奏折提出诸多的疑问之后，指派了相关官员立即前去探查。也就是说，虽然乾隆皇帝是个自负的人，也深信自己的判断是正确的，但他仍然需要得到确实的证据才能进行下一步针对官员的惩治行动。在我们所探讨的几个案例中，乾隆皇帝至少在表面上努力塑造出自己是一个“讲道理”的皇帝形象，所以在叫魂妖术案的最后，乾隆皇帝与官员达成了妥协，因为他能够预料到这起案件已经不可能圆满完结，再追查下去没有任何意义。虽然有时候这种“讲道理”在旁观者看来实际上是“不讲理”，但对于饱读儒家经典、有着扎实帝王教育经历的乾隆皇帝而言，他总要为自己的行为寻找一个理由以说服自己。至于寻找证据与理由的重担就落在了查案官员身上。

第五章　追查与审理

“靠得住”的官员

当发现“千万两”之巨的侵吞亏空之后，乾隆皇帝第一时间传谕江苏巡抚彰宝前赴扬州会同新任盐政尤拔世查办案件。鉴于案情重大，为了防止打草惊蛇，乾隆皇帝特“著彰宝密速前往扬州”[1]，彰宝在江苏府衙所收到的奏折是由几位大学士封寄的[2]，为的是尽量减少知情人的数量。从这里我们可以看出乾隆皇帝对于案件的重视程度，同时也能感觉到他对于查办盐政贪腐案件的难度有一定的思想准备。盐政事务牵扯众多，必须严格限制信息的

[1]《清实录·乾隆朝》，中华书局，2008，乾隆三十三年六月癸亥日条。

[2]《宫中档乾隆朝奏折》，台北故宫博物院，1982，乾隆三十三年六月十三日条，台北故宫博物院藏。

传递以避免节外生枝。

彰宝是满洲镶黄旗人，翻译科举人出身，其仕途起于江苏，于乾隆十八年（1753）做了淮安府海防同知，之后辗转直隶、贵州、湖南、山西，乾隆三十三年（1768）回调江苏，六月两淮盐引案发生时他刚在江苏做了四个月的巡抚。实际上在这之前彰宝已有多次查办官场弊案的经历，如乾隆三十年（1765）他任山西巡抚时，就曾接乾隆皇帝谕旨查处前任阳曲县官员段成功的亏空案件，最终使一批与段成功同期的山西官员落马，其中就包括大名鼎鼎的乾隆朝名臣刘墉。乾隆三十二年（1767）三月，他又会同侍郎四达查办了安邑知县冯兆观参劾河东盐政达色的案件，结果在办案过程中彰宝不仅坐实了盐政达色派累商人、收受商人贿赂的贪腐事实，还从参劾人冯兆观身上发现了问题。原来河东盐运使吴云从因为被侍郎四达纠参，为了转移视线就唆使知县冯兆观参了自己的上司。最终色达、吴云从、冯兆观三人都按律受到惩处。彰宝官场生涯中最为辉煌的时候是在乾隆三十五年（1770）正月，当时正值清缅战争后期，清军逐渐扭转了之前的颓势。时任云贵总督的彰宝因“督办粮马诸务，俱能妥速经理。及擢用总督以来，亦颇实心任事”[3]，而被加著太子太保的官衔。然而这段为官云贵的辉煌时期却为彰宝的人生结局埋

[3] 王锺翰注解：《清史列传》，中华书局，1987，第1751页。

下了悲剧性的伏笔。乾隆三十九年（1774）十一月，本已告病解官的他被参劾署官云贵时勒索下属知县供应银四万余两，致兵粮亏空。最终，这位多次查办他人贪腐案件的地方大员被判斩监候，于乾隆四十二年（1777）死在监狱里。虽然彰宝的结局比较悲惨，但应该说他在二十多年的为官生涯中还算是表现不错，尤其是作为地方长官多次查处下属的贪腐案件，积累了不少办案经验。而且彰宝在调任江苏之前做了三年的山西巡抚，山西也是产盐大省，境内的河东盐池为内地产盐十一区之一，每年定额达四十二万多引。出仕山西的经历也使彰宝在处理盐政相关事务时驾轻就熟，能够在纷繁复杂的盐务利益纠葛中迅速理清案情。

相比之下，这起两淮案件的发起者尤拔世的生平就不太见诸史料了[4]。由《清代官员履历档案全编》中仅存的少部分资料而知，尤拔世是正黄旗雅尔岱佐领下人，雍正四年（1726）经怡贤亲王保举奉旨补授安徽五河县知县而进入仕途，八年用知州，乾隆四年（1739）二月内奉旨署庐州府知府。乾隆皇帝对于这位名不见经传的官员也并不太赏识，认为他的才能

[4] 有关尤拔世的相关资料，可参见王建辉的《两淮预提盐引案——1768年乾隆的一起反贪案件及其历史思考》，载于《2017年中国社会学年会·历史社会学分论坛论文集》。

“只可府道而已”[5]。而尤拔世的为官经历似乎也印证了乾隆皇帝的评价，他前后辗转多个官职，但都没有做得很高，案发时其所任的盐政已是他多年官场沉浮中的最高点了。实际上，要不是因为这起两淮盐引案，尤拔世其人可能就湮没于浩瀚历史中而无人知晓。值得一提的是，很多非官方的史料将这起两淮盐引案的起因描述为新任盐政尤拔世向盐商索贿不成遂而进行的报复，如在光绪年举人徐珂《清稗类钞》中把此案的起因描述为“是案因尤拔世任两淮盐政，风闻盐商积弊，居奇索贿，未遂”[6]，而在民国出版的《清外史》[7]及民国历史学家萧一山所著的《清代通史》[8]中也有类似记载。但综合其他史料来看，这些记载并不能让人信服，反而会影响我们对于尤拔世这一人物的认识。在这些非官方的史料中，对于尤拔世报复情节的遣词造句几乎一字不差，其源头就是徐珂的《清稗类钞》。也就是说大部分的非官方史料对于案件起因的描述都照搬了《清稗类钞》的记载而未做其他考证。同时，就具体案情而言，如果

---

[5] 秦国经主编：《清代官员履历档案全编》二，华东师范大学出版社，1997，第119页。

[6] 徐珂：《清稗类钞》，中华书局，1984，第1058页。

[7] 古零后人姜斋：《清外史》，上海五洲书局，1914，第87页。

[8] 萧一山：《清代通史》中卷，中华书局，1986，第224页。

尤拔世真的是索贿不成而报复性地揭发两淮盐引案，在他的奏折里应该直接对上任盐政普福进行参劾或者向乾隆皇帝汇报多年的亏空，而不是简简单单地陈上一份银两入库的账目。这份例行汇报语气的奏折本身就表明，尤拔世完全把这些银两当作两淮盐政部门已有的惯例，他根本没有意识到其中的问题。而且在乾隆皇帝的上谕中说道，“此事虽系尤拔世陈奏，现在查办缘由，并未豫令知悉。所有原奏及军机大臣奏片均著封寄彰宝阅看，该抚自行带至扬州。见尤拔世后，再行告知”[9]，这说明乾隆皇帝与我们的看法一样，也认为尤拔世的奏折只是日常的上报，其中的疑点完全是乾隆皇帝自己的“英明”所见，因此需要彰宝到了扬州之后再告知尤拔世案件的相关情况，在此之前尤拔世是完全不知情的。虽然史料中关于尤拔世的生平资料很少，但是在《清实录》中我们还是能见到一些尤拔世与乾隆皇帝之间的互动。从这些互动中我们可以看出乾隆皇帝对这位中下级官员的态度是宽严并济的，他有时会因为尤拔世的奏折内容“殊未明悉……语尤疵谬”[10]而斥责，也会因一些渎职

[9]《清实录·乾隆朝》，中华书局，2008，乾隆三十三年六月癸亥日条。

[10]《清实录·乾隆朝》，中华书局，2008，乾隆十七年十月辛丑日条。

行为对他处以革职留任这样的重罚[11]，但有时又对尤拔世信任有加，如乾隆十七年（1752）尤拔世的属下驿丞邓桂元揭报其“遽信讹言，檄行豫备，疲劳驿站，曲意逢迎”[12]，但乾隆皇帝却认为尤拔世“于地方一切事务，皆能办理妥协，似不致于如此妄率。即偶因传言、饬属探听，亦属外省常有之事，尚非大过”[13]，而且还认为是“驿丞邓桂元，因驿马疲瘦解任餧养之后，遽行直揭都察院，显有藉端报复之意”[14]。实际上，《清实录》中关于尤拔世的第一条记录就是他因为弟弟犯罪而受到牵连，但乾隆皇帝“……思兄弟罪不相及……尤拔世著仍

[11] 乾隆十九年七月，安徽固镇等四驿马匹出现疲瘦的情况，时任凤阳知府的尤拔世未能及时揭报，按例应降二级调用，结果尤拔世事后捐级以为能抵消惩罚，被乾隆皇帝认为是用心取巧，不离内府习气，不但不许抵消惩罚，而且直接给予尤拔世革职留任的处罚。

[12]《清实录·乾隆朝》，中华书局，2008，乾隆十七年十月丙申日条。

[13]《清实录·乾隆朝》，中华书局，2008，乾隆十七年十月丙申日条。

[14]《清实录·乾隆朝》，中华书局，2008，乾隆十七年十月丙申日条。

补授凤阳府知府”[15]。对于尤拔世这样一辈子都未能更进一步的中下级官员而言，乾隆皇帝这种恩威并用的手段使他既受宠若惊又更谨小慎微，所以诸如预提盐引缴银账目这样他自己都认为是旧有惯例的事务，尤拔世仍然孜孜不倦地上报给乾隆皇帝。

如果说乾隆皇帝通过尤拔世的日常奏折揪出两淮盐引案打破了官员信息控制给皇权运作所造成的困境，那么对彰宝和尤拔世这两位办案人员的选择以及贪污案件的特殊性质使得此时的乾隆皇帝在一定程度上也规避了因官员在实际行动中的罔顾皇帝意志、消极懈怠办事而对皇权运作造成的困难。

虽然对于江苏巡抚彰宝和新任两淮盐政尤拔世来说，查处两淮盐政弊案本是分内的职责所在，两人也都不是乾隆皇帝特意派遣的，但彰宝与尤拔世都有着鲜明的个人特征与为官风格，这在一定程度上也影响了两淮盐引案的查办进程。两位官员都是满洲出身，又都是刚上任不久的新官，与涉案官员基本没有利益相关，因此在侦办案件时，不会出现如甘肃纳捐冒赈案那样官官相护而妨碍办案的情况。巡抚彰宝本身颇有为官才能，仕途也是一路高走至巡抚一级，拥有办理贪腐案件的经验。盐政尤拔世则是

[15]《清实录·乾隆朝》，中华书局，2008，乾隆十四年四月庚子日条。

一个办事谨慎、事事上报的中下级官员，而且两位官员的仕途命运都曾经被乾隆皇帝所改变，他们对于皇权的威力是深有体会的，显然会更加尽心尽力地为乾隆皇帝办事。

更为重要的是，这桩两淮盐引案不比叫魂妖术案，彰宝和尤拔世在此案中相当于专案专办人员，一旦此案出现差池，两人将是直接责任者。而在叫魂妖术案中，由于妖术犯的踪迹遍布全国，办案官员数量众多，各部门牵扯范围较广，办案进展缓慢的现象绝不是个例，官员即使出了差错也大可以相互推诿，正所谓法不责众，急切想抓获案犯的乾隆皇帝不太可能在此时对官员进行大面积的惩治。即使在案件终结时，只要首犯没有落网，那么整个叫魂妖术案的真实性就不能被确定，此时的乾隆皇帝也很有可能因找不到合适的理由而放弃对官员进行重罚。相比之下，彰宝和尤拔世就没有这么多可推脱的借口了。尤其从案件状况方面来讲，叫魂妖术案是官方在对罪犯情况毫无了解的情况下去寻找罪犯，而两淮盐引案已经有了几乎确定的嫌疑人，彰宝和尤拔世想要像叫魂妖术案那样因为案件结果的模糊不清而逃脱惩罚几乎是不可能的。乾隆皇帝在一开始就通过尤拔世的上奏“一条龙式”地确定了这起贪污亏空案的各处细节，而且从后来事件的发展过程来看，应该说乾隆皇帝对于案件的想象也是非常正确的。除非找到确凿的证据，否则彰宝和尤拔世想要推翻乾隆皇帝的看法十分困难。这也就意味着，如果这起两淮盐引案出现像叫魂妖术案那样查无实据的情况是不能被乾隆皇帝接受的，到时候被追责的还是彰宝和尤拔世二人。因此，我们看到，尽管在后期叫魂妖术案牵扯了彰宝更多的精力，但相对来说他在两淮盐引案上的工作达到了事半功倍的效果，重要的证据被源源不断上报给乾隆皇帝，也使得两淮盐引案从案发到结案的时间远远少于叫魂妖术案。

追寻“千万两”

这起案件的焦点，同时也是乾隆皇帝在尤拔世所上的奏折中发现的最大疑点，就是自乾隆十一年（1746）预提盐引政策开始实施到乾隆三十三年（1768）案发之间的二十多年里，预提盐引所进行的收费不但没有上报朝廷，还被地方官员私自动用，且涉及金额巨大，实属严重的违规行为。乾隆皇帝显然认为自己的怀疑是有依据的，“因令军机大臣检查户部档案，并无造报派项用数文册可稽”[16]。他还命臣下统计了自乾隆十一年（1746）至乾隆三十二年（1767）的预提盐引数目，共计四百九十六万引[17]，如

[16]《清实录·乾隆朝》，中华书局，2008，乾隆三十三年六月癸亥日条。

[17]《乾隆朝上谕档》，乾隆三十三年六月初五日条，中国第一历史档案馆藏。

果按照尤拔世的上奏所讲，按每引三两算的话，那么乾隆皇帝口中所说的“应有千万余两”[18]的确不是虚言。

但以上这些也只是乾隆皇帝看到奏折之后第一时间产生的想法，其正确与否还需要进一步证实。我们暂且不谈乾隆皇帝把这二十多年预提盐引的收费标准都算为每引三两是不是合理，预提盐引收费这一措施本身就存在很多不清不楚的地方。乾隆皇帝在上谕中对于预提盐引收银的一无所知从一个侧面告诉我们，这项政策很有可能并不是由朝廷制定的，因此朝廷也不知道每年有这样一笔钱由盐商上缴给官方。如果以户部为首的朝廷知情的话，怎么会放任每年百万两的进项被地方收用而一言不发，甚至“并无造报派项用数文册可稽”[19]呢？这种可能性在乾隆皇帝的上谕中也有体现，在谈到千万两的亏空时，他用的是“若以”一词，显然是一种不确定的语气[20]。在《清实录》《乾隆朝上谕档》《宫中档乾隆朝奏折》《乾隆朝军机处随手登

---

[18]《清实录·乾隆朝》，中华书局，2008，乾隆三十三年六月癸亥日条。

[19]《清实录·乾隆朝》，中华书局，2008，乾隆三十三年六月癸亥日条。

[20] 对于盐引案亏空千万两这一事实的质疑，参见王崇贺的文章《乾隆两淮提引案辨析》，载《盐业史研究》2004年第4期。

记档》等一手史料关于两淮盐引案从头至尾的相关记录中，我们并没有找到预提盐引交银的官方规定标准。而《清史稿·食货志》关于盐法的记载中也只提到了由于乾隆时期盐业繁荣，食盐畅销，两淮盐商每年原有盐引不敷销售，于是便预提下年盐引填补缺额[21]，但其中并没有提到盐商在预提盐引时还要上缴银两。而在乾隆二十九年（1764）所修订的记载清朝各项制度规程的《钦定大清会典》中，其盐法部分也没有关于预提盐引的相关规定，而只找到了各盐场每年盐引的定额是以乾隆十八年（1753）为基准的内容[22]，如果以乾隆十一年（1746）作为预提盐引政策开始的年份，那么乾隆二十九年（1764）所修订的《钦定大清会典》理应对此有所记载。更为奇怪的是，在乾隆四十一年（1776）编成的详细记录各项户部法规的《钦定户部则例》中，对于预提盐引也是一笔带过，仅在“正引余票”规章中的两淮盐场部分提及“预提下年纲引自二十万至五十万道，预提食引二三万道不等”，同时说明了预提盐引是直接提销下年的正引，但要在正引内注明“预提字样”，而下年继续按正常的

[21] 赵尔巽撰：《清史稿志九十八·食货志四》，中华书局，1998。

[22]《钦定四库全书·史部·钦定大清会典》卷十五《盐法》，乾隆二十九年修，未出版古籍刻本。

定额领运[23]。也就是说，即使在乾隆三十三年（1768）发生了两淮盐引案之后，朝廷依然没有把预提盐引上缴银两这项政策记入正式的户部规制中。

在现有的史料中，我们无法找到关于预提盐引款项的官方规定，那也就怪不得乾隆皇帝“因令军机大臣检查户部档案，并无造报派项用数文册可稽”了。至此，我们可以大致确定两淮地区针对预提盐引的收费并不是朝廷所定的规章，而是两淮地方盐政自行制定的政策。实际上，预提盐引这种现象本身在全国各销盐区中就是不常见的，只有像两淮这样盐业发达、市场繁荣的地区才会出现每年定引不敷销售的情况，而且即使是两淮盐场也不是年年都会预提盐引，这要视当年的市场情况而定，如乾隆二十一年（1756）两淮预提了三十万引，但第二年就完全没有预提[24]。归根结底，预提盐引不比正课，它只是“锦上添花”之物而不是官方每年要尽力完成的赋税任务，官方也没有必要对其具体实施环节做严格的要求。

如果官方根本没有对预提盐引缴银作出具体规定的话，那么

[23] 故宫博物院编：《钦定户部则例》卷四十六《盐法》，海南出版社，2000。

[24]《乾隆朝上谕档》，乾隆三十三年六月初五日条，中国第一历史档案馆藏。

这桩两淮盐引案所谓“千万亏空”的犯罪事实就值得商榷了。以现有的史料记录来看，我们唯一能确定的就是上任盐政普福在乾隆三十二年（1767）对预提盐引所采取的政策是每引收银三两，共得二十七万八千两有零，而这二十七万多两银子在当时也确实没有上报朝廷。但这是否就能推论出两淮盐政在预提盐引这一政策上亏空了“千万两”之巨的资产呢？关键点就在于尤拔世所奏内容的一句话：“仍令各商每引缴银三两以备公用”中的“仍”字上。这个“仍”字指的是几年？是如乾隆皇帝所认为的从预提盐引政策实施的乾隆十一年（1746）开始算起，还是根本就是从案发前一年才有的此政策？由于没有官方成文的规例作为依据，我们几乎无从判断预提盐引缴银的政策到底实行了几年，收费标准又是几两，因此也就不能确定亏空的具体数额。乾隆皇帝从预提盐引政策实施的乾隆十一年（1746）算起的“千万两”只能算作涉案金额的诸多可能中的一个上限，以此作为既定的案件事实是不合适的。不过从尤拔世所上报的信息来看，这项政策的实行应该也有一段时间了。但就语言习惯而言，一个“仍”字虽然不能告诉我们预提盐引缴银政策具体实行的年限，但也透出了一种惯常的语气，而且作为新任两淮盐政，尤拔世在上奏之前也未觉出任何问题，说明他在与前任交接工作时把这笔钱当作了旧有的惯例，可能以为之前的盐政官员都要主动将相关信息上报。

那么预提盐引的银两是被盐政官员贪污掉了吗？如果要把这亏空划入贪污犯罪中的话，那么尤拔世的这道奏折就显得比较奇怪了。按理说官员贪污侵吞国家财产时肯定要尽量掩盖自己的罪行，因为一旦败露就会给自己招来巨大的麻烦，不但仕途全完，甚至身家性命都可能不保。那么刚刚到任的尤拔世，一个还未来得及在当地建立关系的新官，怎么能如此轻易地就获得了之前官员的“贪赃证据”，之后还能如此顺利地上奏给皇帝呢？只有一种可能，就是两淮盐政部门的官员根本就没有把这些预提盐引所得当回事，它可能只是诸多盐商上缴费用中的普通一项。在后来尤拔世查案的奏折中我们也看到，这笔资金的具体使用去向是记录在案的，有较为明晰的公开账目。如果作为一桩贪污案来看，两淮盐引案似乎过于“透明化”了。预提盐引这一政策本身就带有非常规化的色彩，它的实行与否取决于当年食盐产销情况，而随之而来的上缴银两同样也是不稳定的，可能去年多、今年少、明年无。这笔资金本身又未被朝廷记录在案，所以我们其实可以将其视为一种地方部门非常规的私留资金，抑或是“小金库”式的银两储备。虽然这种行为也是违规的，甚至是对乾隆皇帝的欺瞒，但跟贪污案还是有所区别的。这些预提盐引的收入不是进了盐政官员的腰包，而是成为盐政部门的“自留地”，用以应对各种常规或非常规的开销。

因此，这桩两淮盐引案实际上可算作是地方部门的违规案件，而根本不是什么贪污案，其涉案金额也不太可能达到“千万两”之巨。从某种程度上来讲，这起案件与叫魂妖术案相似，在追根溯源后我们发现其最初的缘起与之后的发展在事实上是完全不相匹配的。在叫魂妖术案中，由民间对于陌生人及妖术的恐慌和社会人口流动之间的矛盾所产生的治安事件最终演变成了一场蔓延全国的政治案，而在两淮盐引案中，地方部门私留小金库的违规行为发展成了一桩震动朝野的特大贪污案。

乾隆皇帝以及彰宝、尤拔世开始对案件进行查办时，首先要解决的就是“千万两”亏空的犯罪事实，不能坐实这千万两，这桩案件的查办就无法进行下去，也无法对涉案人员进行审判定罪。而要确定这千万两的亏空，就要弄清楚预提盐引缴银这一政策实行了多长时间，以及政策实行期间每引所缴银两的具体数目。这就必须要从之前的两淮盐政那里获得相关的信息。此时尤拔世的前任，同时也是直接涉案的官员普福正在赶往京城的路上，彰宝和尤拔世也远在扬州开始彻查盐政部门的档案账目，紫禁城中的乾隆皇帝似乎暂时对此案无从下手。这时他突然想到了普福的前任高恒正在京城做官，于是派人前去询问。这位高恒出身满洲镶黄旗，是大学士高斌的儿子、慧贤皇贵妃的弟弟。高氏一族算是乾隆朝的官宦世家，高恒的堂兄高晋也官至大学士，甚至在高恒因此案伏法后，他的儿子高朴仍然能够做上兵部侍郎。案发时，高恒因堂兄高晋署两江总督而回避，从两淮盐政调入京城吏部，正准备借父亲的庇荫继续高升。对于突如其来的询问，高恒一开始采取了消极应对的态度，称“预提盐引扣存公用银两一事，从前在任内亦曾有”[25]，但“至其时作何开销，实因头绪繁多一时不能记忆”[26]。而后因为乾隆皇帝继续施压，高恒又“回想”起了更多的细节，并上了一份说帖[27]，但帖中陈情的细节并未使两淮盐引案的犯罪事实变得明晰。据高恒的回忆，在他任内两淮地区预提过三次共七十万引，其中一次的十万引无法确定是否上缴过银两，另外两次预提的六十万引则有一些银两进账，但与乾隆皇帝预想所不同的是，这些银两的上缴并不是严格按照每引定额（如乾隆皇帝所认定的三两）进行累加的，而是更具随意性。比如第二次预提的三十万引，按每引时价三两应收九十万两，但当年“有商捐之一百万两”[28]，盐政部门就直接以此了事。

---

[25]《乾隆朝上谕档》，乾隆三十三年六月初六日条，中国第一历史档案馆藏。

[26]《乾隆朝上谕档》，乾隆三十三年六月初六日条，中国第一历史档案馆藏。

[27]《乾隆朝军机处随手卷记档》，乾隆三十三年六月初六日条，中国第一历史档案馆藏。

[28]《乾隆朝上谕档》，乾隆三十三年六月初六日条，中国第一历史档案馆藏。

第三次预提的三十万两，每引时价二两五钱，但当年“并无按引派商捐项，缘差务俱系商人一面垫办，盐政一面核其所办多寡给以预提”[29]，而且一些商人还通过为高恒买办物件以抵消预提盐引的代价，以至于高恒自己也搞不清楚第三次提引一共有多少银两进账。

高恒的供词首先印证了我们对于这项预提盐引缴银性质的判断，即它是两淮盐政部门自收自用的公用银两，朝廷未有知晓也是很正常的。而另一方面，这种地方小金库的性质也导致两淮盐政部门在收取预提盐引缴银时有很大的随意性，尤其是在商专卖制度下，盐商与官府的关系十分密切，多有钱财上的往来，这些往来大多也并无定制。所以，尽管预提盐引的政策相对制度化，但涉及并无朝廷定规的银两上缴时，两淮盐政部门会更倾向于采取非制度的方式，因此高恒对其任内部门所得的银两连个大致的数目都无法给出，而这也给查案的乾隆皇帝出了个难题。不过慑于乾隆皇帝的权威，高恒交代了自己任内的另一项违规之事：“盐政衙门内所有船轿费用、升旗放炮及署内署外一切零用俱系各商备办……项内开销向无一定数目，高恒到任后核定每月约需

[29]《乾隆朝上谕档》，乾隆三十三年六月初六日条，中国第一历史档案馆藏。

银四五百两，亦系从前未经具折奏命之项。”[30]这样至少两淮盐区官员收受商人陋规的事实已确凿无误，乾隆皇帝起码有了可以治罪的理由。

在京城的乾隆皇帝未能从高恒的口中获得比较有用的信息，而彰宝、尤拔世的调查在一开始也碰了壁。六月二十日，两人给乾隆皇帝上了一份长折，详细汇报了在扬州盐政部门所查到的关于预提盐引的相关记录和大致情形。首先他们确定了“乾隆十一年（1746）起至三十二年（1767）共预提过淮南淮北纲盐食盐等引四百九十六万六千六百二十二道”[31]，至于预提盐引缴银的情况，目前清楚的是普福在任时按每引三两的标准在乾隆三十一年（1766）收银十八万八千七百七十二两，乾隆三十二年（1767）收银二十七万八千一百十五两，这些信息只是对尤拔世所上奏情况的一点延伸，并无新意。在对最为重要的千万两亏空事实的查证上，彰宝和尤拔世遇到了不小的困难，因为他们无法查实在普福之前，也就是自乾隆十一年（1746）至乾隆三十年（1765）之间应有多少预提盐引缴银，唯一获得的只有两淮运司赵之璧

[30]《乾隆朝上谕档》，乾隆三十三年六月初六日条，中国第一历史档案馆藏。

[31]《宫中档乾隆朝奏折》，台北故宫博物院，1982，乾隆三十三年六月二十日条，台北故宫博物院藏。

“并无收银归库”[32]的供词。最终两人所查到的结果是“各盐政将预提引张散给上任后，该商或因代购贡物或值办理差务或籍修理工程各自私行潜端开销，从未按引缴银登有档案”[33]。这一结果与之前高恒的供词是相符的，也就是说，在普福之前两淮盐政部门根本就没有关于预提盐引缴银的定制，这种缴银行为更像是一种人情上的往来，即盐政部门向盐商发放预提盐引，而盐商们则通过各种方式来对盐政机关施以回报[34]，这些回报的方式不一而足，也未统一记录在案，很难统一进行计算。

案子查到这里似乎已经山穷水尽了，但彰宝和尤拔世最后还是保留了一点可以给盐政官员定罪的希望，那就是盐商对官府的进献“开销不尽之数，各盐政或自行宽免以作奖励，或私相授受竟行侵蚀情弊不可枚举，非提总商活口询问

[32]《宫中档乾隆朝奏折》，台北故宫博物院，1982，乾隆三十三年六月二十日条，台北故宫博物院藏。

[33]《宫中档乾隆朝奏折》，台北故宫博物院，1982，乾隆三十三年六月二十日条，台北故宫博物院藏。

[34]乾隆年间盐业市场繁荣，食盐销售情况良好，因此才会出现供不应求而预提盐引的情况，而预提盐引相比于正引课税少，盐商获利多，因此十分抢手，商人们愿意为此付出一些代价也是很正常的。

不能得起端倪”[35]。当然，两位查案官员不仅仅是寄希望于能从商人们那里获取两淮盐政贪赃的事实，“千万两”的亏空仍然是他们需要解决的问题，在诸如高恒这些盐政官员无法回想起具体经手金额的情况下，从盐商那里进行突破未尝不是一个更好的选择。事实证明，将讯问重点转移到盐商处对于整个案件查办的作用是巨大的。盐商们的记忆力以及账目记录的工作要比盐政官员好多了，彰宝和尤拔世通过对盐商们的细询得到了一份颇为详尽的清单，确定了涉案的预提盐引数目为四百四十二万五千三百七十四道。更令人惊讶的是，两人还借此一举解决了“千万两”亏空的问题，两人上呈给乾隆皇帝的阶段调查总结的奏折中指出“通盘核算共有余利银一千九十二万二千八百九十七两零，历年以来该商等籍称办公动用等项计银四百六十七万余两……至该商等现今自认未缴余利银约六百数十余万两”[36]。

那么问题来了，基于我们之前对于预提盐引缴银的了解，彰宝和尤拔世是怎样从杂乱无章的官商交往中找出如此精确具体的

---

[35]《宫中档乾隆朝奏折》，台北故宫博物院，1982，乾隆三十三年六月二十日条，台北故宫博物院藏。

[36]《宫中档乾隆朝奏折》，台北故宫博物院，1982，乾隆三十三年六月二十日条，台北故宫博物院藏。

金额的呢？其实很简单，他们直接以从盐商那里获知的各年盐引引价和引数得出当年余利银总数，然后再将乾隆十一年（1746）到乾隆三十三年（1768）的余利银进行累加从而得出了一千零九十二万二千八百九十七两这一恰好符合乾隆皇帝预期的数字。之后通过对各盐商的询问，两人又将这二十多年来已知的盐商各种进献办差行为进行银两折算，得出了四百六十七万余两的已动用金额。

那么彰宝和尤拔世的这种计算方式是否正确呢？首先，他们在奏折中的所用词语就是与其计算过程相矛盾的。“余利银”这一称谓显然指的是盐商们除去成本之后获得的利润剩余，我们暂且不说这个词是否符合乾隆皇帝所要追缴的那些亏空银两的定义，最根本的问题在于，盐商的利润怎么可以直接用引价去计算呢？盐引的价格属于盐商贩盐时的成本，把这一数字当成余利银的数额实在是南辕北辙的行为。而其次，就高恒之前的供词来看，盐商们也完全不是按照每年引价来对盐政部门进行贡奉的。

至此，有关“千万两”亏空的最重要的两个事实已经基本清楚了。实际上，预提盐引按引缴规定额度的银两这一政策是从上任盐政普福才开始有的，只在乾隆三十一年（1766）至乾隆三十二年（1767）实行了两年，在此之前，预提盐引的收益完全没有定制，盐商们是通过办差、办贡和较为随意地捐银来对官方进行回报的。此时，彰宝和尤拔世需要从普福的缴银开始进行倒推，换句话来说，他们要通过一个刚刚才有的制度追溯过去原本没有定制的相关事务，这实在是非常荒谬。此外，尽管彰宝和尤拔世在计算中将普福任内的引价定为三两，但通过一些学者的相关研究我们可以知道，早在乾隆五年（1740）官方核定淮盐成本价格时已对引价做出了每引一两的规定[37]，但“畅销时，值或倍价”[38]。在两淮盐业已开始衰退的嘉道之际，引价还能达到二三两之多[39]，而据道咸年间的一位清代徽州盐商江仲馨在遗嘱中所列出的资产来看，自其从乾隆五十六年（1791）继承产业到咸丰元年（1851）淮南改行票制而窝引作废，这之间他的行盐规模达到3777引，而这部分引窝的价本为数万两[40]，无论这“数万两”有多少，也远远高于官定一两的标准，且很可能高于普福所定每引三两的上缴数目。且乾隆年间盐业市场发达，盐引更是稳赚不赔

[37]《宫中档乾隆朝奏折》，台北故宫博物院，1982，乾隆三十三年六月二十日条，台北故宫博物院藏。

[38] 包世臣：《安吴四种》第二册《小倦游阁杂说》，注经堂藏本，同治壬申秋重刊。

[39] 欧阳兆熊、金安清：《水窗春呓》卷下，中华书局，1984，第76页。

[40] 汪崇筼：《清代徽州盐商江仲馨获利案例试析》，《清史研究》，2002年第2期，第106～111页。

的抢手货，可以被当作有价值的物品进行转卖，价格自然也水涨船高。一旦盐引的交易形成了市场，在庞杂的盐引交易、抵押行为中，引价是随时发生变化的。彰宝和尤拔世在奏折中并未对其所得出的历年引价计算方式作出说明，我们无从知晓这些引价是交易市场的平均值，还是仅仅为某个接受询问的大盐商根据自身情况所给出的价格，因此我们有理由怀疑其所算出的各年引价是有问题的。

如果各年引价的数字是存有疑问的，那么由此所得出的亏空总额也是站不住脚的。彰宝和尤拔世也不是没有现成的计算标准，他们大可以按照乾隆五年（1740）官方所定的一两引价来进行计算，或者按照此项政策的制定者普福所定的三两标准来进行累加，然而他们似乎认为这两种标准都不符合要求。那么彰宝和尤拔世究竟想要一个怎样的数字呢？在两人所上的奏折中，我们还发现了另外一个有趣的事实，那就是他们将淮北口岸所预提的四十九万引进行了几乎不做计算的处理，只对其中的大约十五万引计入了三钱到五钱缴价，远低于淮南口岸，而且两人并未在奏折中注明理由[41]。这种区别性的剔除处理就让人摸不着头脑了，如果是以引价计算亏空银两的话，难道淮北的盐引就没有引价了吗？如果以

---

[41]《宫中档乾隆朝奏折》，台北故宫博物院，1982，乾隆三十三年六月二十日条，台北故宫博物院藏。

余利银这一实际完全名不符实的称谓为理由，说淮北口岸完全没有余利可缴，那淮北口岸怎么会有预提盐引呢？对盐引进行预提不正说明盐的销路好吗？淮北口岸的剔除让我们发现了彰宝和尤拔世如此执着地按自己的标准进行亏空缴银计算的原因，那就是他们不但要重新建构出乾隆十一年（1746）至普福到任前的预提盐引缴银制度，还需要建构出一个符合乾隆皇帝想象的“千万两”亏空。在确定了四百四十二万五千三百七十四道的盐引总数后，无论是按照官方所定的一两引价还是普福开创的三两标准进行累加，都会与千万两相距甚远。而淮北地区的近五十万引也是个会影响最后总额的不稳定因素，不如干脆以口岸的不同为借口将之剔除。彰宝和尤拔世对于引价的计算表面上看起来各不相同且均很有说服力，但仔细观察之后，我们会发现两人将历年的引价都控制在了二两至三两之间，因为只有这样，在刨去中间未进行预提的几年之后，最后累积的总额才能比较精确地控制在千万两左右。从最后的一千零九十二万二千八百九十七两这一计算结果来看，彰宝和尤拔世很好地完成了乾隆皇帝布置给他们的最初任务。

通过彰宝和尤拔世围绕着这“千万两”亏空所做的文章，我们最终所能得出的一个结论就是，这桩乾隆皇帝所认定的两淮盐引案原本是不存在的，它是通过彰宝和尤拔世两位官员在案件调查中人为地建构出来的。但这种建构至少从表面上来看是查有实据的，即使后面查不出涉案官员的罪证，乾隆皇帝也不至于找不到合适的理由来对官员治罪。另一方面我们也看到，即使这千万两亏空的计算是有所偏差的，但涉案官员好像没办法发出自己的声音，似乎在贪污案的情境下，乾隆皇帝手中的权力对官员有着绝对性的压制。当然，从接下来的办案过程中我们也能看出，这些受到调查的官员之所以保持了缄默，很大程度上也是因为在他们的日常行政中确实存在着许许多多的不合规程甚至违法之事，即使对千万两亏空进行否认，恐怕之后依然会有其他的问题被查出，此时的抵赖是无谓的，甚至有可能还会让自己罪加一等。

虽然彰宝和尤拔世在“千万两”亏空上面完成了任务，但从他们上报的奏折来看，案件的调查方向似乎出现了一些偏差，除了将千万两的核实情况上报给乾隆皇帝之外，彰宝和尤拔世主要将矛头对准了盐商，虽然他们在之前承担了差务，办理了贡物，也捐献过银两，但经过两位查案官员的折价计算后，盐商们仍然还有六百数十余万两未缴余利银。到头来这桩最初指向盐政官员的亏空案件反而是盐商先走了霉运，他们凭空多了六百多万两的欠款。但无论是千万两的亏空，还是盐商需要补交的六百多万两的欠款，这些调查结果都不能对盐政官员构成严重的指控，他们最多只会因为没有将进项上报朝廷而进行部门截留犯下失职渎职的罪责，参考叫魂妖术案中隐瞒案情而受罚的官员来看，这些盐政官员所面临的最重惩罚可能就是撤职流边而已。显然，案件调查进行到现在仍没有完全彻查乾隆皇帝在上谕中所提到的“私行侵蚀情弊”[42] 问题，而这一问题将决定几位盐政官员的最终命运，同时也让我们认识到乾隆皇帝手中权力运作的另一种面貌。

坐实贪污罪名

虽然之前的调查并没有触及盐政官员的贪污犯罪，但经验老到的彰宝知道从哪里寻找合适的突破点，因此在将千万两亏空的调查结果和盐商亏欠六百余万两的情形上报给乾隆皇帝后，他还在奏折中提及了几位盐商的供词：“总商黄源德等现据供出预提辛已纲缴送过高恒银八万五千九百余两，又预提乙酉纲商人汪启源缴送过高恒银一万两，并预提丙戌纲商人洪充实缴送过高恒银四万两，其余程谦德、黄仁德所供曾代吉庆、普福垫办物件皆为数细碎，尚难凭信。……该商等身有职衔或由不尽不实，希图隐讳……程谦德、汪启源均系按察司衔，江广达系布政司衔，伏祈皇上俯将黄源德等六名职衔暂行革退以便详悉讯问，务成信狱。”[43] 显然，相比于错综复杂的盐政官场，依附于官方权力的垄

[42]《清实录·乾隆朝》，中华书局，2008，乾隆三十三年六月癸亥日条。

[43]《宫中档乾隆朝奏折》，台北故宫博物院，1982，乾隆三十三年六月二十日条，台北故宫博物院藏。

断盐商更容易成为缺口。这些盐商的供认已经让两淮盐政官员的腐败事实初露端倪，彰宝与尤拔世在奏折中恳请乾隆皇帝暂时撤销几位盐商官衔的行为无疑是要释放一种信号，迫使盐商们在之后的审问中能够更加积极地配合查案官员，从而得到更多有用的信息。

相比之下，京城方面对于盐政官员的审讯仍然没有多大的进展。普福到了京城之后接受了军机大臣刘统勋等人的审讯，供认了他在乾隆十七年（1752）至十八年（1753），乾隆二十年（1755）至二十二年（1757），乾隆三十一年（1766）至三十二年（1767）三次担任两淮盐政时实行预提盐引政策时的具体情况，但有用的信息不多。他供述前两次担任两淮盐政时所有的预提盐引都是平均分配给所有盐商，而最近这次则是把大部分盐引给了资本雄厚的总商，剩下的由其他盐商平分，同时盐商们所缴银两全部被用来修缮公用设施、修筑水利工程、赈济灾民。他还特意强调第三次预提盐引所得资金“因进京陛见，未及分派，亦交运司赵之璧办理”[44]。普福的这番供词显然是避重就轻的，不但没有提及自己与盐商之间有任何往来，对于预提盐引的缴银也是一笔带过，只是一再强调虽然商人们对于预提盐引的献捐没有报知朝

[44] 中国第一历史档案馆、扬州市档案馆编：《清宫扬州御档》，扬州广陵书社，2010，第 4595～4596 页。

廷，但在其任内对预提盐引的分配是秉持一定公平原则的，而且所得缴银也用在了公共事业上，企图以此减轻罪责，同时将自己与两淮的盐商们脱离干系。

此时的乾隆皇帝依然笃定自己在最初那道上谕中所得出的“侵蚀情弊”的结论，虽然在京城对高恒和普福的审讯上碰了壁，但扬州传来的消息还是使他得到了自己想要的证据，他可以继续按照自己对于这起案件的想象而指挥查案官员的下一步行动，而下一步行动的核心就是坐实这些盐政官员的贪污事实。在对彰宝和尤拔世二十日所上奏折的回复上谕中，乾隆皇帝首先准许了他们的请求，“所有从前赏给奉宸苑卿衔之黄源德、徐尚志、王履泰，布政使衔之江广达，按察使衔之程谦德，汪启源、均著革去职衔”[45]，以此来对这些盐商形成震慑，破除他们与地方盐政官员之间的同盟。对于占窝的垄断盐商而言，他们赖以生存的口岸垄断来自官方的授权，在平日高级别权力缺失的情况下，盐商会依附于地方的盐政部门以获取利益。而此时，乾隆皇帝通过撤销官衔这一举动让盐商意识到更高一级的权力已经介入这桩案件，他们现有的一切随时都有可能被剥夺，这就使盐商转向了对更高权力的依附。除此之外，乾隆皇帝还继

[45]《乾隆朝上谕档》，乾隆三十三年六月二十五日条，中国第一历史档案馆藏。

续扩大涉案人员的范围，他首先想到了一位颇有才名的官员卢见曾。卢见曾之前也做了很久的两淮盐政，于是乾隆皇帝将已告老还乡隐退德州的卢见曾“著革去职衔，解往扬州，交与彰宝一并审讯”[46]。这种做法一方面体现了乾隆皇帝想要将本案腐败分子一网打尽的决心，同时也将两淮盐引案放入一个逻辑链条中——只要历任两淮盐政的相关人员中有一个人坐实了贪赃的事实，那么其余人等就很难摆脱干系。接下来，为了让这起两淮盐引案进入贪污案的常规中，乾隆皇帝需要更多的信息，一是彰宝与尤拔世六月二十日所上奏折中提到的盐商送予高恒的数万银两需要核实；二是“普福任内则收受丁亥纲银，私行开销者，已八万余两。其历年代购物件、借端开用者，尚未逐一查出，正不知更有若干”[47]，需要再做调查；三是对普福、高晋等官员的财产进行查抄，尤其是如卢见曾这样已久离两淮盐政官职的人员，一旦因为年代久远而缺乏直接指证他们的证据时，巨额的家产也可以起到定罪的作用，因此乾隆皇帝下令将卢见曾从家乡解往扬州之后，还不忘“……一面将卢见曾原籍

[46]《清实录·乾隆朝》，中华书局，2008，乾隆三十三年六月辛巳日条。

[47]《清实录·乾隆朝》，中华书局，2008，乾隆三十三年六月辛巳日条。

赀财即行严密查封，无使少有隐匿寄顿”[48]。

值得一提的是，此时乾隆皇帝已经获知了江浙一带剪人发辫的妖术传言，但由于他对叫魂妖术案的信息掌握得尚不够充分，因此暂时还未影响到他对于两淮盐引案的关注。

为了尽快掌握贪赃事实，乾隆皇帝首先从外围施以重手，将之前久居江苏巡抚、两江总督之位，现已升为文华殿大学士的尹继善以“何以视同局外，不行据实参奏”[49]为由交部严加议处。而现任两江总督高晋，不仅“有稽察盐政之责，伊等如此恣意妄为，宁竟毫无闻见”[50]，同时他还是涉案主犯高恒的堂兄，“乃伊弟簠簋不饬若是，而甘心缄默隐忍，尤不得辞其咎”[51]，要与尹继善一同接受议罚。一方面，对于两淮盐政积累已久的官场弊事，尤其如两淮盐引案这样时间跨度较长的案件，向前追责是正当

[48]《清实录·乾隆朝》，中华书局，2008，乾隆三十三年六月辛巳日条。

[49]《清实录·乾隆朝》，中华书局，2008，乾隆三十三年六月辛巳日条。

[50]《清实录·乾隆朝》，中华书局，2008，乾隆三十三年六月辛巳日条。

[51]《清实录·乾隆朝》，中华书局，2008，乾隆三十三年六月辛巳日条。

的，而在清朝的官僚体制中上级对下级也有监督的责任，因此向上追责也是必须的；另一方面，对尹继善、高晋两位高官的处罚也起到了一定的警示作用，表明对于这桩案件乾隆皇帝将一查到底，任何有碍于案件查办的官员，无论品级高低都将受到处罚。这是继打破两淮盐场官商联盟之后，乾隆皇帝开始肃清官场盘根错节、官官相护风气的尝试。

同时，乾隆皇帝继续紧抓盐商这一信息来源而不放，在上谕中，他不但言辞激烈地斥责“至历任盐政等，如此任意侵肥”[52]，以重申这桩贪赃案件的性质，同时加大了对于盐商们的压力，“再该盐政等在任日久，其中必有留寄两淮等处，令商人生息渔利情事。该商等即应一一供明，和盘托出。如此时稍有含糊，将来一经发觉，亦惟该商等是问”[53]，试图尽可能地从盐商口中得到所有两淮盐政积弊的信息。不过鉴于盐商们已经较为详细地将之前他们与高恒之间在金钱上的往来供出，想要继续向过去深挖确实需要一定时间。

此时，针对高恒贪赃犯罪查证的所有焦点都集中在了其手

[52]《清实录·乾隆朝》，中华书局，2008，乾隆三十三年六月辛巳日条。

[53]《清实录·乾隆朝》，中华书局，2008，乾隆三十三年六月辛巳日条。

下主管办贡事务的苏州人顾蓼怀身上，他就是收受盐商们银两的直接经手人。彰宝和尤拔世很快在扬州提审了顾蓼怀，在七月初二上呈了一份初步的供词：“自乾隆二十三年四月起至二十七年闰五月，陆续收过黄源德等五商交付银四万八千四百五十九两，并收过洪充实银三万两。又于乾隆三十年八月内收过汪启源银一万两，俱系我经手是实。洪充实名下预提辛已纲另有七千五百两，又预提丙戌纲缴送高盐政置办班务行头银四万两并非我经手，要问高盐政总管家人张文学的。再我又于乾隆二十五年收过黄源德等五商银七万一千九百二十八两，送交高盐政即发办物件应用，此系黄源德等前供遗漏未开的。我通共经收银有一十六万三百八十七两，其余并无隐混……”[54]顾蓼怀的这番供称与之前盐商们的说法基本没有什么大的出入，而且还多了乾隆二十五年（1760）七万一千九百二十八两的进项。而后根据顾蓼怀的供述，办案人员又顺藤摸瓜从高恒管家张文学处查得其经手置办班务银四万两。两者合计，高恒处已有二十万两银的侵占罪证，据此已可以定他的罪了。

虽然顾蓼怀的证词从某种程度上说明了盐商们最开始的供认是有所隐瞒的，但此时盐商们已不再是官方调查的重点。实际上，

---

[54]《宫中档乾隆朝奏折》，台北故宫博物院，1982，乾隆三十三年七月初二日条，台北故宫博物院藏。

就在乾隆皇帝六月二十五日对盐商进行言辞颇为激烈的威胁后，在隔天的上谕中，他的态度就发生了转变，开始关心起案件之外的盐务："惟是两淮盐务关系数省民食，现在各商俱有应行质讯之处，若因此稍有推诿观望，致运盐觔或有壅滞，则是有心贻误，恐众商等不能任其咎。尤拔世即悉心筹划，并明切传谕各商，务使源源出运……至此后各处口岸如有能畅销，仍须预提盐引情形，原可照常奏闻办理。不得以此番惩创，遂致因噎废食。"[55] 虽然，这可能只是乾隆皇帝在查案之余突然想到的案件对于正常秩序的破坏问题，但也反映出乾隆皇帝从办案的层面上来讲已将盐商与盐政官员作了区分。虽然盐商的官衔被剥夺，但已不太可能遭受牢狱之灾，因为皇帝还需要他们去运盐销盐以解决数省的民生问题。彰宝和尤拔世也领会了皇帝的意思，在七月初二日奏折的最后，两人特意回复道："查现今到官候质者不过总商数名，其余通河各商经运使转为晓谕，现俱照常行运……"[56] 而对于盐商来说，乾隆皇帝的旨意首先给他们吃了定心丸，但这几天之内惊心动魄的经历也让他们体会到了皇权的强大，对于案件更不敢

[55]《乾隆朝上谕档》，乾隆三十三年六月二十六日条，中国第一历史档案馆藏。

[56]《宫中档乾隆朝奏折》，台北故宫博物院，1982，乾隆三十三年七月初二日条，台北故宫博物院藏。

再做隐瞒。

涉案官员普福的主要问题则主要集中在其任期内的预提盐引的分配上。首先，他在乾隆三十二年（1767）私自动用八万多两的罪责是无法逃避的，不过这八万多两具体的情况还需详查。其次他在乾隆三十一年（1766）所施行的预提盐引政策也出现了纰漏。根据尤拔世最早上报的那份奏折来看，乾隆三十一年（1766）普福同样是按照每引三两的标准向盐商收取银两的。但是在此年散分的十三万七千零七十六引里只有六万二千九百二十四引有缴银[57]，普福的这种选择性的缴银显然造成了“国家资产的流失”。而这六万多预提盐引缴了十八万八千余两，但普福刻意隐瞒只上奏了十万四千七百零四两，且普福于乾隆三十一年（1766）从中自行支取了四万二千八百余两而并无留存册档可稽[58]。之后彰宝历经多次审诘，总算从普福混乱的记忆中逐渐理出部分能够找到实据对应的用度去向，唯有买办绸缎的一万三千二百一十八两中有两千九百八十四两找不到对应实据，普福自始至终无法交代这些

[57]《宫中档乾隆朝奏折》，台北故宫博物院，1982，乾隆三十三年八月十一日条，台北故宫博物院藏。

[58]《宫中档乾隆朝奏折》，台北故宫博物院，1982，乾隆三十三年七月二十一日条，台北故宫博物院藏。

银两是筹自哪里，是不是真的用在了买办绸缎上[59]。实际上，普福所制定的每引缴三两这样的政策完全是给自己添麻烦，在这之前的预提盐引所获得的盐商报效本来就是毫无规律可寻的乱账，普福即使制定了这一标准，也未保准所有的官商办差杂项用度全部都能从其中抽用。在案发前，预提盐引的资金是两淮盐政的小金库，因此部门官员对这些资金进行动用时可能根本就不会有登册记账的意识。当每引三两的标准制定后，一切资金活动都有了可参照的明细，以这一标准去重新衡量之前混乱的资金动用情况，就会出现诸多无法解释来龙去脉的银两支出。

对于官员家产的查抄行动也在同时进行。先是查得之前接受审讯的顾蓼怀有“住房二所，粮田四百余亩，又城外陈湾地方房屋一所，坟地一块，现银四百三十七两，制钱一百二十一千余文，米一百四十石，酒坊一座，贮酒五千九百八十三罐，衣服细绫布共一千二百四十件”[60]，光是不动产折银计价加现银就已达到了一万二千两有余，而这位顾蓼怀仅仅是高恒手下的一个办事人员而已。之后大学士傅恒从高恒管家张文学处得到了相关信息，

[59]《乾隆朝上谕档》，乾隆三十三年九月十二日条，中国第一历史档案馆藏。

[60]《宫中档乾隆朝奏折》，台北故宫博物院，1982，乾隆三十三年七月初八日条，台北故宫博物院藏。

高恒在热河白旗营子地方盖房一所，约三十间，随屋铺陈物细若干，但具体情况仍需详查[61]。而乾隆皇帝扩大官员排查范围的方针也收到了效果，曾任两淮运判的杨重英被查出“家产……有书画一百四十件交与粮道书吏何耀麟收存，又画轴手卷一百二十件交与商人朱荣实收存，又玉器二十一二件交与商人洪充实收存”[62]。同时，杨重英“托交商等代为营运银两……共本利银三万七千三百两。……杨重英家眷进京时遣伊家人林姓将市平银一万五千两并铜鼎、珊瑚枝、磁鸡……等六件托交存寄至今”[63]。实际上，对于官员家产查抄的策略与之后乾隆皇帝揪出甘肃纳捐冒赈案是一个道理，那就是一旦官员拥有了与其薪俸不相配的资产时，乾隆皇帝就有了将其论以贪污治罪的合法性。

但此时，这些涉案人员出现了新的动向，那就是他们开始将家产从自己的手中转移出去，以逃避来自官方的查抄，同时也借此减轻自己的罪责。即使盐商们已被乾隆皇帝的手腕所震慑，但

---

[61]《乾隆朝上谕档》，乾隆三十三年六月二十六日条，中国第一历史档案馆藏。

[62]《乾隆朝上谕档》，乾隆三十三年七月初三日条，中国第一历史档案馆藏。

[63]《宫中档乾隆朝奏折》，台北故宫博物院，1982，乾隆三十三年七月初八日条，台北故宫博物院藏。

某些官员在查抄行动进行前就开始转移，说明他们提前知晓了风声，而通风报信的必定是他们的同僚。这说明即使在直指官员自身的腐败犯罪中，官员仍然可以进行互相掩护，而这就是乾隆皇帝接下来所要面对的。

横生枝节

之前对于两淮盐引案一帆风顺的调查在卢见曾处遇到了困难。山东巡抚富尼汉七月初三日的奏折显示，卢见曾居地的不动产已被官方掌握，但“惟其家中所存仅有钱数十千，并无金银首饰即衣物亦甚无。几向卢见曾穷诘坚称别无他物，亦无外欠银钱”[64]。以之前乾隆皇帝办案的逻辑来看，这是不可能的，他之所以扩大追查官员的范围，就是因为他无法相信任职过两淮盐政的官员是清白的，而之前对所有涉案人员的调查也证实了乾隆皇帝的想法。现在一位之前久居两淮盐政的官场老臣居然置身事外，显然是乾隆皇帝所不能接受的。如顾蓼怀这样的办事下人拥有丰沃的财产固然是有问题，但像卢见曾这样做了数年中级官员而告老还乡，平时还很爱才好士、附庸风雅的人，其故乡居处却几乎

---

[64]《宫中档乾隆朝奏折》，台北故宫博物院，1982，乾隆三十三年七月初四日条，台北故宫博物院藏。

“家徒四壁”，则更不符合常理。同样的情况也出现在对普福家产的查抄上，乾隆皇帝对于其家产寥寥也颇不相信：“而其往时又无多花用，所积历年廉俸，何所归著？”[65]因此乾隆皇帝对于这种情况的第一反应是“伊家何以早得风声……甚属可恶。岂有旨未到，而外人已知之理”[66]。

远在山东的巡抚富尼汉似乎对这种情况早有准备，他立即将卢见曾的情况向当地各相关人员广而告之，并承诺提供证据者免于治罪。很快有监生李容、李裕，贡生封汉棠出示了卢见曾寄放在其处的首饰衣物，之后陆陆续续由卢见曾的家人处得到了几处被隐匿的房产信息和寄存的七百两银子，还获知有两位扬州商人向卢见曾借银九千两。至此，在宦海浮沉多年的卢见曾也难逃罪责，而且相比于其他涉案官员，他隐匿家产的行为无疑会罪加一等。虽然卢见曾的问题暂时得到解决，但乾隆皇帝仍然对暗地里的官官相护耿耿于怀：“必须严切究审，令将得自何处何人实情供吐，不得任其稍涉含糊。如卢见曾坚执不吐，即应加以刑讯。著富尼汉，传旨于彼：伊是受朕深恩之人，若其天良尚未尽

---

[65]《清实录·乾隆朝》，中华书局，2008，乾隆三十三年七月甲辰日条。

[66]《清实录·乾隆朝》，中华书局，2008，乾隆三十三年七月癸巳日条。

泯，一经讯鞫，即将豫通信息之人和盘托出，尚可免其用刑。若尚模棱，则朕之于大小事件，必欲水落石出之处。”[67]这是我们在乾隆皇帝关于此案的上谕中第一次见到如此直白地动用刑讯的内容，尽管这是对卢见曾晓之以理无效之后的措施，但熟习儒家经典的乾隆皇帝也不会不知道“刑不上大夫”的道理，在上谕中如此布置自然有损其仁君的形象。但显然乾隆皇帝更看重的是官员对于自己的忠诚，因为这种忠诚是维系其统治和国家正常运作的基础，也是其手中权力的来源之保证。不过从儒家伦理上讲，乾隆皇帝也可以为自己的行为找到合适的借口，因为卢见曾根本没有尽到臣道，那么乾隆皇帝也可不以君道来要求自己。

卢见曾的问题还不是最麻烦的。掌握高恒贪污情节的关键人物顾蓼怀被押解到京城后，突然翻供，之前其在扬州供述说几位盐商所交银两大部分由其经手交予高恒，在京城却变成了这些银两是商人交由顾蓼怀代为置办物件，而高恒则只是吩咐“这是紧要差使，快去置办”[68]，商人们所交的十六万银两全部被其用作置办物件了，并没有交入高盐院署内。而顾蓼怀在扬州京城两地

[67]《乾隆朝上谕档》，乾隆三十三年七月初八日条，中国第一历史档案馆藏。

[68]《乾隆朝上谕档》，乾隆三十三年八月初一日条，中国第一历史档案馆藏。

供词的出入是因为“承审官总是不准，是时扬州府吩咐现在要查的是银数，不查账目，这样亲供上不去，另须更改。到得无可如何只得供称将各商银两采办物件呈院，仍不准如此供法。将‘采办物件’四字除去竟成将银子交进内署。我说若如此写法竟是高盐政得受银子了，如何使得，任凭恳求总不肯听”[69]，最终顾蓼怀虽然没有受到刑讯，但其有病之身熬不过日夜催逼，还是在一份不知是谁誊写的长篇口供上画了押。在京城的审讯中他还呈上了所办物品的清单，上面载有各物品的明细和花费，共计十四万九千两。

顾蓼怀在京城的翻供表明这起贪污案不但千万两亏空的前提是站不住脚的，连审讯的程序都是有问题的。从顾蓼怀的供述中我们可以看出，如此重要的口供竟然可以由地方政府进行任意更改，而负责案件的江苏巡抚彰宝和两淮盐政尤拔世也居然将这经过审查修改后的口供原样上奏给了乾隆皇帝。这要么是彰宝和尤拔世在主持审讯的时候默认了扬州府的做法，要么就是他们两个人根本就是将审讯的工作“承包”给了扬州府的人，自己只管拿口供。考虑到之后彰宝和尤拔世并没有因此而受到乾隆皇帝的责罚，我们大致可以认为彰宝和尤拔世对于审讯并没有参与太多，

[69]《乾隆朝上谕档》，乾隆三十三年八月初一日条，中国第一历史档案馆藏。

在办案期间他们两人所上奏的一些与案情无关的地方情报、政策奏折也能够说明两人此时要务繁多，不能整天守在牢狱主持审判。但如果连主管案件的专员都对案件不太投入的话，那么这桩案件审理过程的可信度能有多少呢？乾隆皇帝在案件初期特意警告了两江总督高晋，为避亲嫌将其排除在案件之外，而彰宝和尤拔世也是新调任的官员，也基本不会受到当地既有官场关节的掣肘，但最终审案的工作却还是被交由当地政府进行。扬州府显然想把所有的罪责都推到高恒身上以避免牵连，维护自己的利益，为此他们甚至可以在这样一桩皇帝十分重视的贪污案中公然作假。

当然，乾隆皇帝绝不能让案子就这么稀里糊涂地蒙混过去，他马上对于顾蓼怀的翻供作出了反应，将解决这一矛盾供词称为“此案紧要关键”[70]，同时下令将以杨魁为首的扬州办案人员解任，即刻赴京城对质，并将顾蓼怀所列的明细交予扬州的盐商仔细查看以辨真假。直到八月底，经过与承审的扬州府知府杨魁、甘泉县知县龙灿岷，以及总商江广达等人的对质之后，官方给顾蓼怀的翻供所做的最终定论是“缘顾蓼怀初到扬州时，因无高恒可质，即妄供交高恒收受。及至解京又以无商人可质，即称系商人托令办物。其实顾蓼怀经手之十五万两，系高恒托令向商支银，

[70]《乾隆朝上谕档》，乾隆三十三年八月初一日条，中国第一历史档案馆藏。

制办物件，并非高恒尽行侵用，亦非商人托令代办。承审官委无用刑勒供情事，但不能细加诘问，殊属疏忽"[71]。而这一定论使原本最重要的证人顾蓼怀一下子变得毫无价值，他所经手的十五万两根本无法作为指证高恒的证据。此时的乾隆皇帝已被叫魂妖术案弄得焦头烂额，不想放更多的精力在这桩"寻常事件"上，于是便草草认同了这一结论，并"将杨魁等及同审之道员，交部察议"[72]。不过乾隆皇帝之所以放弃顾蓼怀这边十五万银两的线索也是因为他已经完全可以不用顾蓼怀的口供来给高恒定罪。早在扬州办案人员与盐商进京对质以前，乾隆皇帝就已经找到了对高恒定罪的依据，"况高恒已有张文学供出，自行收受之项足以定其罪案，原不在赃数之多寡"[73]。也就是说，即使顾蓼怀的供词没有了价值，但之前其供出的张文学所经手的四万两似乎是确实到了高恒的手里，而这一金额已经足够了结高恒的案件。况且在这之前"……查高恒家产，几值数十万，一应精粗什物具存，且其平

[71]《清实录·乾隆朝》，中华书局，2008，乾隆三十三年八月丁酉日条。

[72]《清实录·乾隆朝》，中华书局，2008，乾隆三十三年八月丁酉日条。

[73]《乾隆朝上谕档》，乾隆三十三年八月初二日条，中国第一历史档案馆藏。

昔费用奢侈”[74]，因此继续纠结顾蓼怀的十五万两到底给没给高恒已经意义不大。

案件最后的一个疑点就是给卢见曾通风报信的人是谁。经过对卢见曾的孙子卢荫恩和家人李义的审讯，官员获知，最先是卢见曾的姻亲学士纪昀与进京的卢见曾家人相见时言及“两淮盐务有小菜银两[75]一事，现在查办”[76]，家人闻之非常害怕，商议之后在十四日遣人送信回家。之后又见了郎中王昶，王昶告知“此案非小菜银两乃系理念提引一事今已发露”[77]。六月二十日又见刑部司员黄俊昌，黄传高恒已被抄家，至此卢见曾家人已知在劫难逃，便开始转移藏匿家产。而后又查出卢见曾曾经的门生、候补内阁中书徐步云早在六月初十日就已将相关情形告知在山东的卢见曾家眷。而徐步云这个到京未久的候补内阁中书如何能够如此早地知晓如此紧要的消息呢？原来是其在军机处行走时与中书赵

[74]《清实录·乾隆朝》，中华书局，2008，乾隆三十三年七月甲辰日条。

[75] 指部门小金库。

[76]《宫中档乾隆朝奏折》，台北故宫博物院，1982，乾隆三十三年七月初九日，台北故宫博物院藏。

[77]《宫中档乾隆朝奏折》，台北故宫博物院，1982，乾隆三十三年七月初九日，台北故宫博物院藏。

文哲同席吃饭，赵文哲“言及两淮盐务查出短少许多万两银子之语”[78]。乾隆皇帝也立即将“所有漏泄此案情节之纪昀、王昶、黄骏昌，均著革职，交刘统勋等分别严审具奏”[79]。至此，两淮盐引案的审理已基本完成，也获得了足够的信息，可以进行结案了。同时，愈演愈烈的叫魂妖术案中的各种追查事务也让乾隆皇帝应接不暇，两淮盐引案早点结束也符合乾隆皇帝的期望。

[78]《宫中档乾隆朝奏折》，台北故宫博物院，1982，乾隆三十三年七月十三日，台北故宫博物院藏。

[79]《清实录·乾隆朝》，中华书局，2008，乾隆三十三年七月乙未日条。

第六章 结案和余波

被盖棺定论的官员

从案件审理的过程来看，高恒无疑是两淮盐引案中犯罪证据相对确凿的官员。他在三次任职两淮盐政期间对上隐瞒了盐商对预提盐引的报效，将一些商人所捐贡的银两作为部门的小金库私自动用，而且虽然顾蓼怀所供述的十五万两最终没有算在他的头上，但他似乎也无法合理解释其管家张文学收受四万两的事实。同时他还有数十万的家产，也完全不符合其长期担任中级官员的身份。最终刑部议奏给高恒所定的犯罪事实是侵蚀盐引余息，并收受银三万二千两，照例拟斩监候，秋后处决[1]。虽然这三万二千两来得莫名其妙，但并没有超出之前张文学所受的四万两，所以

[1]《清实录·乾隆朝》，中华书局，2008，乾隆三十三年九月戊戌日条。

我们只能认为这三万二千两是刑部官员定罪时由四万两调整削减而来。此时，乾隆皇帝颇为器重的大臣，同时也是其最宠爱的孝贤纯皇后的弟弟傅恒为高恒求情，望乾隆皇帝看在高恒的姐姐慧贤皇贵妃的份上免去高恒死罪，但乾隆皇帝却说："如皇后兄弟犯法，当奈何？"[2] 傅恒战栗而不敢言。表面上看乾隆皇帝的这句话体现了他惩贪的决心，但实际上他的怒气恐怕来源于如高恒这样本应成为中坚力量的满洲官员，却被江南地区的奢靡所腐蚀，从某种程度上来讲这也意味着乾隆皇帝想要保持满洲优良传统的努力遇到了挫折。至少从高恒身上，我们没有看到一位满洲官员应有的俭朴品质，显然，满洲官员的为官品德不是靠重开几场秋狝就能得到提升，也不是靠多说几句满语就能保证的。

而卢见曾则完全是另一种官员类型的代表。在《清实录》中，他最后的判词只有寥寥一句："隐匿提引银两私行营运寄顿，照例拟绞监候秋后处决。"[3] 这份判词连一个具体的数字也没有，显然是令人难以信服的。我们只能根据之前对于两淮盐引案审理过程的记述来重新找寻他的罪状。卢见曾的第一份罪状当然也是在任期间将盐引所得捐献隐匿不报。尽管我们在史料中所见的案

---

[2] 赵尔巽撰：《清史稿·列传一百二十六》，中华书局，1998。

[3]《清实录·乾隆朝》，中华书局，2008，乾隆三十三年八月乙酉日条。

件查办信息更多围绕卢见曾提前转移家产的问题，而少有他与两淮盐引案之间的关联，但既然彰宝和尤拔世算出了从乾隆十一年（1746）开始的预提盐引缴银的亏空，那么从乾隆十八年（1753）开始久居两淮盐政之位的卢见曾显然也难辞其咎。但之前查出的“私行营运寄顿”银两并不一定是来自预提盐引，我们只知道两位商人向卢见曾借了九千两银子，可是这九千两银子是不是用于“运营”也是要打一个问号的，我们只能按常理去认为既然是借银，那应该有利息，勉强可算是增值的运营行为，当然这九千两以及后续查出的寄顿别处的衣物首饰也是卢见曾贪污的重要证据。除此之外，彰宝和尤拔世还上奏卢见曾在任上曾得受商人古玩玉器值银一万六千两[4]，但并未记入他最后的判词中。卢见曾是位浸淫宦海多年的官员，从雍正三年（1725）出任四川洪雅知县开始步入官场，历任知州、两淮盐运使，至乾隆二十七年（1762）告老还乡，共仕官三十七年，而这三十七年中他有超过三分之一的时间是在扬州的两淮盐政部门度过的，因此也无怪乾隆皇帝在案发后会第一时间想到卢见曾“在两淮日久，经手之事尤多”[5]，卢见

[4]《宫中档乾隆朝奏折》，台北故宫博物院，1982，乾隆三十三年八月十七日条，台北故宫博物院藏。

[5]《清实录·乾隆朝》，中华书局，2008，乾隆三十三年六月辛巳日条。

曾也因这一段经历而招致杀身之祸。纵观卢见曾的做官生涯，我们至少可以说他是一个很有能力的官员，在任两淮盐政期间，他为民出头，解决了盐商与灶户关于盐池的纠纷，而且还把解决方案写成建议上奏，被朝廷采纳，并转六部备案。在海潮为灾时，他也积极向朝廷争取赈济，并兴修水利以绝水患。

卢见曾是一个典型的具有儒家文人风范的汉族官员，为官多年，口碑也不错，尤其他交结甚广，在官场中有不少资源，这在两淮盐引案中有着突出的体现。我们看到帮他隐匿寄顿家产的不是家人，而是几位贡生和监生，包括内阁中书徐步云也是他曾经的门生，这样的情况是其余涉案官员中所没有的。同时诸如王昶、黄骏昌乃至纪昀这一票官员敢将皇帝亲自过问的重大案件信息透露给卢见曾的家人，从一定程度上也说明了官员之间利益群体的存在。但无论是卢见曾的多年为官资历，还是他纵横官场儒林的深厚背景，都没有使他逃脱这桩两淮盐引案的罪责。而为卢见曾通风报信的官员不同程度地受到牵连，赵文哲、王昶“漏泄通信，应照例拟徒”[6]，刑部郎中黄骏昌“信口传说，业经革职，应毋庸议”[7]，徐步云“与卢

[6]《清实录·乾隆朝》，中华书局，2008，乾隆三十三年七月己酉日条。

[7]《清实录·乾隆朝》，中华书局，2008，乾隆三十三年七月己酉日条。

见曾认为师生，遇此等紧要案件，敢于私通信息，以致卢见曾豫行寄顿，甚属可恶。著发往伊犁效力赎罪”[8]，纪昀“瞻顾亲情，擅行通信，情罪亦重。著发往乌鲁木齐效力赎罪”[9]。乾隆皇帝对于徐步云和纪昀的处理显然要重于其他官员，结合高恒的情形，我们可以看出乾隆皇帝对于官员之间徇私情的行为是十分反感的。实际上，徐步云和纪昀的行为就是我们之前所说的，官员为了私利而枉顾皇帝统治利益，为了师生情和亲眷情而阻碍一桩危害社稷的贪污亏空案件的查处的行为，这也是乾隆皇帝在与官员的博弈中所要竭力遏制的。

如果说几位涉案官员中谁会有一点冤的话，那就是普福了。朝廷最后给普福的判词是“私销银一万八千八百余两，均应照例拟斩监候，秋后处决”[10]。如果我们把两淮盐引案当作一桩贪污案件，那么“私销银”这一表述是颇为模糊不清的，不过我们可以看出判词强调普福私自动用预提盐引上缴银的罪过居多，而贪污罪的

[8]《清实录·乾隆朝》，中华书局，2008，乾隆三十三年七月己酉日条。

[9]《清实录·乾隆朝》，中华书局，2008，乾隆三十三年七月己酉日条。

[10]《清实录·乾隆朝》，中华书局，2008，乾隆三十三年九月戊戌日条。

成分相对较少。事实确实如此，在这起案件中，乾隆皇帝对于所有官员都是做有罪推定的，因此他对于普福查抄家产时的“既属寥寥”是完全不相信的，认为普福“彼与各商交结甚久，岂有不托商家代为封殖？而其今年调任之后，心存疑畏，又岂能不向两淮巧为安顿乎”？[11]但之后彰宝和尤拔世对扬州盐商详加询问，“据该商黄源德供称：‘我等节年代各盐政承办物件已经供明，至普福盐政任内并无馈送银两之事。’再四诘问，讯众佥同”[12]，不仅如此，最终朝廷也没有查出普福有在商人处寄顿银两的行为。普福唯一能跟贪污沾上边的犯罪事实还是其在九月案件临近终结时，心理接近崩溃的情况下所供述的，因为自己喜欢看戏而从预提盐引上缴银两中拿出了一万五千两建了一个戏班，以及利用从两淮盐政官位调走的交接时机将原本按照皇帝旨意续办的一千匹绸缎私自带回家[13]。但相比于高恒、卢见曾所收受银两和丰厚家产，普福的这点事情可能在办案官员眼里实在算不上是什么有力的证据，因此最后议罪的时

[11]《清实录·乾隆朝》，中华书局，2008，乾隆三十三年七月甲辰日条。

[12]《宫中档乾隆朝奏折》，台北故宫博物院，1982，乾隆三十三年七月二十一日条，台北故宫博物院藏。

[13]《乾隆朝上谕档》，乾隆三十三年九月十二日条，中国第一历史档案馆藏。

候并没有收入。最终判词里“一万八千八百余两”的数额也是让人摸不到头脑，根据我们之前对于案件审理过程的分析，普福真正无法交代清楚来源与去向的，只有其宣称买办绸缎但查无实据的两千九百八十四两。不过，实际上那无法交代的两千多两已经足够给普福定罪了，更何况普福还是这起案件的源头，他私自收取预提盐引缴银又私自动用的罪责是无法逃避的。真正让普福丢掉性命的，是他自己。如果他没有制定每引三两的标准，就不会形成一笔可观的资金，也就不会被尤拔世注意并将之上报。相比之下，反倒是普福的前任们所采取的相对混乱的捐贡方式更不留痕迹。

在这桩两淮盐引案中，行为最为恶劣的，却也是唯一一个逃脱了惩罚的就是曾任两淮盐政运判的杨重英了。作为曾经两淮盐政部门的第三把手，他不仅对长官们私自利用预提盐引收取献贡听之任之，而且在任职期间明目张胆地向商人勒诈达三万五千余两，后来还查出寄顿商众营运及交同知程堂收贮银五万二千余两。说起来这位杨重英也是一位颇有背景的官员，他的父亲就是之前在清缅战争中因指挥不力且谎报军情被勒令自尽的杨应琚。杨重英在乾隆三十二年（1767）被乾隆皇帝派到云南前线辅助父亲，帮助其料理军务，但其父杨应琚最终还是因为战事不利被革职，之后自尽。随后杨应琚的长子，杨重英的哥哥杨重谷也因督军不利而被正法，缅军也开始散布关于杨重英投敌的传言，幸好乾隆皇帝看透了敌军的策略，“以贼诡诈未可深信”[14]。尽管如此，杨重英仍然处于非常危险的境地，如果此时牵涉两淮盐引案，对他无疑是一个致命的打击。不过，在案发之前的乾隆三十三年（1768）正月十九日，杨重英在金塔缅寺被缅军俘获。本来这是一件祸事，杨重英却因祸得福，躲过了两淮盐引案的惩罚。实际上杨重英被俘之后，乾隆皇帝因其在缅方帮助译写汉文而大发雷霆，不仅惩处了杨重英的家人，而且多次与缅方交涉要求归还杨重英，做好了随时要将其押解回京审理或就地正法的准备。但直到乾隆五十三年（1788）缅甸内乱平定之后，杨重英才被缅方送回，而在羁留异国期间杨重英一直没有归顺缅甸。但还未回到阔别二十一年的清朝，他就在路上病死了。此时乾隆皇帝对于杨重英的态度有了很大的转变，在上谕中称“原任道员杨重英，前在缅甸羁留二十一载。念其独居缅寺，并未娶妻生子，尚知顾惜名节，较之汉时苏武奉使外域，即在彼娶妇生子者差胜”[15]。尤其是乾隆皇帝仿佛失忆了一样，居然称“伊本系无罪之人，在途因病身故，殊堪悯恻”[16]，并恩赏给杨重英道员职

[14]《清实录·乾隆朝》，中华书局，2008，乾隆三十三年二月壬戌日条。

[15]《清实录·乾隆朝》，中华书局，2008，乾隆五十三年九月乙酉日条。

[16]《清实录·乾隆朝》，中华书局，2008，乾隆五十三年九月乙酉日条。

衔，还亲题了《御制苏杨论》给予其极高评价。这位本应因贪污被治罪的官员最后竟成了“清代苏武”，是两淮盐引案主要案犯中唯一一个算得上善终的人。

除了以上提到的官员以外，在本案审理中掀起过波澜的办事人员顾蓼怀因为充当了官员腐败的帮凶，而且从中牟利以得丰厚家产，被判绞监候，秋后处决。但后来乾隆皇帝认为顾蓼怀“虽由怂恿高恒，已亦牟利，酿成大案，本难曲宥。第该犯乃一商贾末流近利贪财，是其常情且彼即能诱人犯法，设令高恒能不听其愚弄，又安得售其伎俩……著于次年朝审，一并改入缓决”[17]。而之前在扬州审讯顾蓼怀和人为修改供词的扬州府知府杨魁以及同审之道员被交部察议，但后来乾隆皇帝认为“伊等承审此案，既无刑逼情事，即不必复论其小过，况彰宝尤拔世并未交部，亦不应独将承审之员议处”[18]，便将他们加恩宽免了。另外，因为杨重英勒索商人之事情节恶劣，乾隆皇帝将其在任婪赃时本应监督参劾的历年督抚藩司交部逐一查明，严加议处。

---

[17]《清实录·乾隆朝》，中华书局，2008，乾隆三十三年十月辛巳日条。

[18]《乾隆朝上谕档》，乾隆三十三年九月十五日条，中国第一历史档案馆藏。

十月二十七日高恒、普福等朝审官犯勾到的上谕[19]成为两淮盐引案的终结。这桩历时四个多月的贪污亏空案最终让三位官员丢掉了性命，还牵连到好几位官员被免职流放。从官员的角度来讲，在整个案件中他们的所有努力都没有得到应有的效果，无论是深厚的官场关系与背景，还是积极运作的消息流动和家产转移，都没有改变案件的最终走向。可以说，在这桩案件中，官员是完败的。

盐商：乾隆皇帝的荷包

相比于官员的境遇，两淮盐引案中的盐商们基本上都平安无事，只有几位总商被剥夺了职衔，但他们在经济上却有很大的损失。按照彰宝和尤拔世的初步计算，将之前盐商们各种较为随意的献贡折价之后，在总共的一千零九十二万二千八百九十七两应追缴的亏空中，“各商实未完缴者计银六百二十五万，又藉称总商辛力浮销膏火银七十万三千六百二两二，共应完银六百九十五万七千一百八十六两零”[20]。而在这之后，朝廷对于

[19]《乾隆朝上谕档》，乾隆三十三年十月二十七日条，中国第一历史档案馆藏。

[20]《宫中档乾隆朝奏折》，台北故宫博物院，1982，乾隆三十三年七月十四日条，台北故宫博物院藏。

商人追缴的资金开始逐渐累加，滥支膏火银，浮开冒开买办器物银两，甚至高恒、普福没有交代清楚去向造成无法追抵的银两也都算在了盐商的头上，最终裁定两淮盐商共应追银一千零一十四万一千七百六十九两[21]。这个几乎与总亏空差不多的金额将自乾隆十一年（1746）预提盐引政策施行开始，到乾隆三十一年（1766）普福到任制定每引三两的缴银标准之间，两淮盐商针对预提盐引的所有报效献贡全部归零，而从头重新缴纳。朝廷要求盐商在乾隆三十三年（1768）先行缴银一百二十七万五百四十八两，之后分九年缴清剩余欠银。不过在乾隆三十五年（1770），皇帝东巡至天津，“盐商赴津祝厘，奉旨给还提引案内原革职衔，又将提引案内限十年完交公项一千余万两，加恩于限满外再加六年”，之后朝廷又在乾隆三十六年（1771）、四十五年（1780）两次宽限，而乾隆四十七年（1782）和乾隆四十九年（1784）则干脆免除了当年共计三百六十三万二千七百七十四两的应缴银两[22]。朝廷不断宽限上缴期限以及免除应缴银两的行为，一方面是在打造乾隆皇帝体恤

[21]《宫中档乾隆朝奏折》，台北故宫博物院，1982，乾隆三十三年八月十一日条，台北故宫博物院藏。

[22] 佶山等编撰：《两淮盐法志》卷十六《转运十一·提纲》，嘉庆十一年重修本。

民情的仁德之君形象，另一方面也说明这庞大的金额即使是富甲一方的盐商们偿还起来也是吃力的，也要想方设法地疏通关节打动皇上以得到宽限和减免。

一些学者认为，盐商们之所以得到了与盐政官员迥异的待遇，要归功于某几个总商与乾隆皇帝间的私人关系[23]。比如“以布衣上交天子”的著名盐商江春（江广达），乾隆皇帝六次南巡临幸扬州，两次东巡至天津，都由这位财力雄厚的盐商操办。江春竭力用钱财报效朝廷，但凡国家出现自然灾害或边疆爆发战乱，他总是积极捐银，动辄百万之巨。他的表现也被乾隆皇帝所知，在乾隆皇帝南巡扬州时江春多次迎驾，与乾隆皇帝当面交流，“前后被赐御书福字、貂皮、荷包、数珠、鼻烟壶、玉器、藏香、柱杖、便蕃，不可胜记”[24]，还因擒拿宫廷要犯太监张凤而领受了布政使官职，获赏戴孔雀翎，为盐商中独一份。在江春家产消乏时，乾隆皇帝还先后两次共借了五十五万两皇帑资助他运营盐业。江春死后，乾隆皇帝不但要其他盐商集资五万两帮助江

---

[23] 王建辉：《两淮预提盐引案——1768年乾隆的一起反贪案件及其历史思考》，《2017年中国社会学年会·历史社会学分论坛论文集》，2017。

[24] 阮元：《淮海英灵集·戊集》卷四《江春传》，中华书局，1985。

家修缮康山花园，还另赏了五万两供江春之子江振鸿营运周转。甚至在乾隆皇帝去世后，嘉庆皇帝还因江振鸿经营问题而赏借银五万两。应该说江春作为一介布衣，能够得到乾隆皇帝如此礼遇实属少见，两人的私交也应不一般。在江春的传记资料中，也曾记述其在两淮盐引案中的表现，“两淮提引案发，逮治群商，首总黄源德老疾不能言，余皆自危于斧颌，公毅然请当其事。廷谳时，惟叩头引罪，绝无牵引。上知公无私，罪官而不及商，所保全两淮之人甚众”[25]。从这段记述来看，江春似乎一人将罪责扛下，而没有供出其他盐商，最终凭借自己与乾隆皇帝之间的亲密关系而保全了两淮盐商。

我们当然不能否认江春与乾隆皇帝的私人关系对盐商的最终豁免起到了一定作用，但江春传记中的述说有些过于戏剧化了。通过对案件的梳理，我们可以看到，直到乾隆三十三年（1768）八月底进京与顾蓼怀对质之前，江春一直都与其他盐商在扬州接受彰宝和尤拔世的审问。乾隆皇帝唯一一次对盐商进行实质上的惩罚就是在同年六月二十五日的上谕中言辞激烈地对盐商进行斥责之后剥夺了几位总商的职衔。但在隔天的上谕中，乾隆皇帝已经改变了对于盐商的态度，强调盐运对民生的重要性，言下之意

[25] 阮元：《淮海英灵集·戊集》卷四《江春传》，中华书局，1985。

显然是不会再对盐商采取更进一步的措施。如果把这些对地区口岸盐运起着举足轻重作用的垄断总商判罪入刑的话，谁来运盐销盐呢？在这之后，盐商就被完全当作“污点证人”，和办案官员转为合作关系。乾隆皇帝即使在对盐商的供述不满时，也只是让办案官员“详悉开导，逐层研诘，务令供吐实情”[26]，只有“如各商执迷不悟，其事岂能终不败露。将来别经发觉，则是各商自取重罪”[27]。此时乾隆皇帝的口风已经是比较缓和了，对于盐商来说，只要积极配合案件的调查就可平安无事。也就是说，早在江春八月底进京之前，乾隆皇帝就已经将盐商排除在两淮盐引案惩治对象之外了，因此江春并不是起到决定性作用的人物，对盐商的豁免从某种程度上讲是乾隆皇帝自发的行为。而乾隆皇帝之所以对盐政官员与盐商区别对待，一是因为这起两淮盐引案是直接针对官员的贪赃性质的亏空案，二是因为两淮盐商对乾隆皇帝个人有着重要的意义。

虽然在传统皇权统治的语境下，家国是一体的，皇帝作为家长来实现对于国家的统治，但在具体的治理过程中会出现“家

[26]《清实录·乾隆朝》，中华书局，2008，乾隆三十三年七月甲辰日条。

[27]《清实录·乾隆朝》，中华书局，2008，乾隆三十三年七月甲辰日条。

国”相矛盾的情况。其中比较典型的就是皇室用度与国家财政之间的矛盾。历朝历代的宫廷中都有为皇室服务的各种机构，但在资金管理方面，国家财政与皇室开销之间的界线不够明晰，从而出现了许多因君主荒淫无度而导致国库空虚的情况。直到明代，皇室用度与国家财政的区分仍然是模糊的，我们很难分清宫廷内的各项费用是属于皇帝个人的开支还是国家财政的支出，而明代皇室也没有设立一个统筹内廷全局的管理机构，紫禁城的实际开支账目也从未整理公开过[28]。

这一局面直到清朝内务府出现才有所改变。内务府的建立既是满洲征服者模仿汉族政权进行的国家机构建制，也是对满洲既有统治架构的保留性改造。内务府带有很浓重的旧满洲社会组织的印记，其中最为突出的就是它保留了八旗之下的奴仆——包衣。包衣大多数是满洲人征战时期被俘虏并像其他战利品一样被分配给八旗贵族的汉人或居住在东北地区的其他归顺清朝的居民。在追随满洲人四处征战的过程中，包衣被编入特殊的包衣牛录中，由管领和佐领掌管。清朝政权建立之后，这些包衣摇身一变成为宫廷仆役，服务于皇帝后妃及其他皇族。同样地，清政权的内廷也需要一个机构来对这些奴仆进行管理，于是内务府应运

---

[28] 黄仁宇：《十六世纪明代中国之财政与税收》，生活·读书·新知三联书店，2001，第10页。

而生。内务府建立的另一个重要意义就是在名义上将供皇家使用的资金与国家财政收入区分开来。尽管清代的内务府与户部在各自权限方面并没有一个绝对的划分，两者在经费上也经常有往来，但如果忽略皇帝意志的直接干预，那么内务府至少在资金运作上形成了定例。这种皇室收支规范化的动力来源于清政权在建立之初就一直延续的中央集权化改造。在宫廷语境下，这种改造最大的成果就是将内廷与外朝进行分离，从根本上杜绝了后宫干政的可能。所以如乾隆皇帝的母亲崇庆皇太后这样深受爱戴的后宫之长也需自觉恪守祖制，不能干涉朝廷政事。而内务府与户部的区隔正是这一“内外分离”中的重要一环。

内廷在资金方面的相对独立使清朝的皇帝在动用资金时不能任性而为，甚至有时还需要精打细算。也就是说，虽然皇帝依然拥有可以动用一切国家资金的权力，但实际上几乎无法私自使用它。清朝统治者的处境更像是现代企业中的老板，虽然公司是自己的，但对于公司资金的动用都需要以合理的名目入账。正如乾隆皇帝必须要给自己的南巡戴上“视察河工”的冠冕（但事实上他的南巡确实也对江南河流的治理起到了积极作用）一样，清朝的统治者们也要为其他出于私人目的的支出巧立名目，即使所有人都心知肚明这些名目都只是“走过场”。尤其像乾隆皇帝这样深受儒家教育熏陶、立志做仁君的统治者，是不太能接受诸如贪图享受、骄奢淫逸这样的风评的，在大多数时候他都要尽力找到合适的理由去说服官员乃至自己。乾隆皇帝甚至将内务府广储司积存的部分库银拨归户部使用，在乾隆统治时期内这项拨归户部的资金累计达一千五百九十万两之多[29]。虽然事实上这些拨归户部的银两本来就是商人应交给户部的（很遗憾在分析史料之后我们仍然不知道这些钱是怎样进到内务府的账面），但从无限皇权的角度来看，乾隆皇帝能将已收入囊中的银两放出用于国家财政是一件十分不易的事情。值得注意的是，乾隆皇帝并没有交代这批内务府资金的具体来源，而只强调是内务府拨银给户部，明显是要以此求得“赋性宽仁”的美名[30]。这也印证了之前对乾隆皇帝个人特质的分析，对于乾隆皇帝来说，获得一个仁德皇帝的名声要比千万两白银重要得多。

内务府的资金来源是多种多样的。首先是内务府名下所置产业的对外创收。清初内务府在关内、关外设立官庄、果园等，所收地租粮钱皆纳入府库；内务府还拥有京城官房上万间，可以被视为京城最大的房地产经销商，官兵认买和承租官房的收入也纳入府库；庆丰司下辖的牛羊牧场，每年所售肉品和皮革的银两也会入库作为内廷收入。其次是一些不固定的收入，主要是来自全国各地以及番邦属国的贡奉，这些各地特产和奇珍异宝有时宫中

[29]《乾隆朝·内务府银库用项月折档》，中国第一历史档案馆藏。

[30] 赖惠敏：《乾隆皇帝的荷包》，中华书局，2016。

消耗不完，就会由内务府将其变卖，所得收入也会上缴府库。如东北三省进献了大量的人参，除去宫中消耗，剩下的人参就由内务府进行变卖，自乾隆朝开始，这项变价所得的收入成为宫廷收入的重要来源[31]。以上这些由官庄生产以及由外地贡奉的物资，其变价的一大渠道就是内务府开设的当铺，这些当铺由内务府出资本金，交由官员经营。根据内务府对当铺利润的定例，从开业的第四年起，当铺的盈利应达到八厘[32]，不足八厘者则须由经营当铺的官员赔补。

而盐政盐务也是皇室财政的重要来源。整个乾隆时期，两淮盐商总共支出的报效、借帑利息、余银和朘削约为一亿三千八百万两，其中约30%的银两上缴朝廷，剩下约70%则被盐政官员留下[33]。朝廷所得银两自然是归入国家财政之中，那么剩下的钱有哪些进了乾隆皇帝的荷包呢？在乾隆朝以前，两淮盐政部门是没有向内务府解缴过任何经费的，但自乾隆皇帝登基以

---

[31] 滕德永：《道光内务府人参变价的困境》，《满洲研究》，2012年第4期，第108～116页。

[32] 这里的八厘指的是盈利额达到以本金月利率八厘（0.8%）计算得出的利息金额。

[33] 汪士信：《乾隆时期徽商在两淮盐业经营中应得、实得利润与流向试析》，《中国经济史研究》，1989年第3期，第95～111页。

后，两淮盐政每年以各种名目向内务府上缴的费用不下于三十万两，实际上这些银两都是从盐商那里得来的，但在两淮盐政部门的名下这笔资金主要是以节省银、闲款等形式存在的。所谓节省银就是之前一些杂项费用，如盐政部门役工伙食银两、缉私盐兵饭食银两、各盐场火伕月费甚至官员养廉银等节省下来的资金。闲款则主要指的是商人捐助的各种工程款剩余的银两。在之前两淮盐引案的调查过程中，办案官员一再提到盐商办买物品时多有浮开，但实际上两淮盐政部门在收取商人杂费的时候，尤其是以某项工程的名义要求商人捐献时，同样也是有所虚报的，我们很难想象在两淮盐引案中将盐商缴银私自截留的两淮盐政部门能够主动节省开支甚至贡献出官员的养廉银来讨好乾隆皇帝，这只能说明两淮盐政从盐商那里所汲取的资金是远远多于所需开支的，即使每年拿出数十万银两上缴内务府，盐政部门依然能够维持正常的运转，而上缴给内务府的银两实际上仍然要由盐商们买单。

盐商与皇帝之间还有更直接的金钱来往，那就是盐商的报效与借款。名义上这些报效都是有各自情由的，如军需报效、赈灾报效、水利报效等。只有专门备皇室之需的备公报效算是直接送入皇帝荷包的银两，但实际上这些用于其他用途的报效也有部分流入了内务府[34]。两淮盐区在乾隆朝正式名义上的报效有三十三

[34] 赖惠敏：《乾隆皇帝的荷包》，中华书局，2016，第 199 页。

次[35]，每次动辄数百万两，其中共有九百二十七万两为备公报效而直接算作皇室收入。除了这些明面上的报效之外，实际上在乾隆皇帝南巡时，盐商还通过置办贡物、修葺行宫、兴修园林、扩充戏班等方式进行献贡，其花费也颇为不菲。而在两淮盐引案中我们也看到，实际上乾隆皇帝在江南地区各种贡物的买办也是由盐商承担的。另外，乾隆皇帝用皇帑向江春进行借贷，实际上就是入了盐商盐业经营的干股。每年盐商上缴的借款利息少则几万两，多则数十万两。总的来讲，两淮盐商的资金是皇室收入的重要来源。

在两淮盐引案的查办过程中，两淮盐商是重要的证人。对于皇帝而言，两淮盐商更是皇室收入的重要来源，所以乾隆皇帝不可能真的对盐商下狠手。尤其对于这些垄断商人来说，他们的垄断地位完全是官方赋予的，因此盐商会自然而然地依附于官方的权力。如果说平日里盐商无法与京城的皇帝取得联系而只能与两淮盐政官员搞好关系的话，那么当皇帝的权力直接介入案件当中时，盐商会毫无疑问地倒向皇帝一边，从两淮盐引案中乾隆皇帝对于盐商的态度来看，他也深知这一点，因此才会出现盐商与盐政官员迥异的结局。

---

[35] 中华民国盐政署整理：《清盐法志》卷一五三·《两淮·杂记门》，民国九年修本。

但看似平安无事的结局还是给盐商留下了巨大的后患，同时也给乾隆皇帝添了一笔不小的财富。虽然经过多次宽限与减免，两淮盐商们最终还是上缴了六百多万两白银，而在这之后预提盐引缴银制度也正式建立，盐商如果再想进行盐引预提就必须每引缴纳一定数额的银两，如案发的乾隆三十三年（1768）预提的盐引按照每引二两六钱的标准收取，乾隆三十七年（1772）则是二两八钱[36]，至乾隆四十年（1775）则开始每引改征三两[37]。但正如之前我们所提到的，这一大笔进项在户部相关则例中无法查到，那么我们有理由猜测，其最终的归宿就是皇室的金库。讽刺的是，这项制度的建立者普福却因此招致杀身之祸。盐商在乾隆年间的报效为整个清朝之最，这一方面说明了当时盐业的兴盛，另一方面也埋下了祸根，这些报效银两成为盐商的额外成本而被转嫁到了消费者的头上。每当盐商进行报效之后，朝廷会以加斤、加价等方式进行回报，相当于默许了商人提高盐价，而当盐价超出普通消费者接受的范围之后自然会造成销路不畅、盐引壅滞。到了乾隆中后期，盐商不仅要分年分批完成各种报效，连正常的课税都开始积欠。

从某种意义上来讲，发生于乾隆三十三年（1768）的两淮盐引

---

[36]《宫中朱批奏折·财政类·盐务》，乾隆三十七年三月二十九日，第0466～048号。

[37] 赖惠敏：《乾隆皇帝的荷包》，中华书局，2016，第205页。

案是两淮盐业发展的一个拐点，六百多万两的追缴款以及之后固定下来的预提盐引缴银制度成为“压死骆驼的最后一根稻草”。在连续数年的缴银之后，自乾隆五十一年（1786）起两淮再无盐引预提，而如江春这样曾经富甲一方的盐商也开始家道中落，两淮盐业进入衰退期，以至于在道光年间清政府不得不进行“改引行票”的政策，凭票即可销盐，意在打破原有盐商的垄断地位，让更多散商进入盐业市场。“改引行票”在一定程度上遏止了两淮盐业的崩盘，起到了亡羊补牢的作用，但乾隆年间两淮盐业的兴盛之态却一去不复返。

乾隆皇帝：走出皇权的困境

通过对乾隆三十三年（1768）七月、八月、九月相关史料的分析可以看出，两淮盐引案的调查审理和结案受到叫魂妖术案很大的影响。尤其在七、八、九三个月，几乎每隔一两天乾隆皇帝就会发布关于叫魂妖术案的上谕，相比之下同期关于两淮盐引案的谕旨则少很多。正如乾隆皇帝对富尼汉调查卢见曾财产隐匿情况所回复的，“此案不过寻常办事件，东省现有割辫匪犯一案，关系最为重大”[38]。在此时的乾隆皇帝看来，这起盐务案件“不过

[38]《清实录·乾隆朝》，中华书局，2008，乾隆三十三年七月乙巳日条。

地方公事之一，况已查有端倪，无甚棘手。若匪徒潜匿肆其鬼蜮伎俩，扰害闾阎，民生之害最钜要”[39]。

对乾隆皇帝来说，两淮盐引案虽然涉案金额巨大，但也无非是地方官员将该上缴的银两截留以及某几个官员与盐商之间有些龌龊交易罢了，完全是一个地区性的官场贪赃案件。在两淮盐引案发生后的第二个月，乾隆皇帝就已经胸有成竹，认为这起官场贪赃案件“无甚棘手”，它一定会按照自己所预想的方向发展，最后也会得到圆满的解决。

事实上也确实如此，从六月案发到十月结案，这起被称为“乾隆三大案”之一的两淮盐引案仅用了四个多月便被圆满解决。案件的主犯依法得到了惩治，官员私下的信息泄露与财产转移的伎俩最终也被击破，相关人员也受到了惩处，应该说除了杨重英因为身在缅境而得以逃脱之外，所有犯案人员都得到了应有的处罚。乾隆皇帝还从盐商那里获得了六百多万两的进项，正式建立了预提盐引缴银制度并延续多年，每年都可以获得来自盐商的报效。反观叫魂妖术案，如果从三月底德清县事件开始算起，到十一月下旬军机处法庭将几位涉案人员无罪释放，持续了近八个月，时长是两淮盐引案的两倍，即使从乾隆皇帝获知消息的六月开始算，叫魂妖术案查办的时长也要比两淮盐引案多上近

---

[39]《宫中廷寄》，乾隆三十三年七月九日，中国第一历史档案馆藏。

一个月。在花费了更多的时间、更多的人力、更多的精力，抓获了更多的犯人之后，叫魂妖术案的结果远远没有两淮盐引案那么圆满，京城的乾隆皇帝心急如焚，地方上的官员疲于奔命，最终不仅首恶犯人未能抓住，还加剧了民间的恐慌骚动，乾隆皇帝不得不亲自叫停了之前自己大力推动的清剿。这也标志着乾隆皇帝想要通过这起案件对官员群体进行整肃的愿望落空，他不得不与官员们达成妥协，也无法以合适的理由对懈怠消极的官员们施以惩戒。

换句话来讲，在叫魂妖术案中，乾隆皇帝的权力运作并没有起到应有的效果，看似至高无上的皇权受到了诸多阻碍，数量繁多的上谕恰恰印证了这一点。正是因为乾隆皇帝自始至终无法完全把握叫魂妖术案的走向，所以他才不停地发布谕旨来推动与修正叫魂妖术案的调查进程。在一开始，官员的瞒报使得叫魂妖术案的案发被人为地推迟了近三个月，此后皇权起到一定作用，它发现并推动了叫魂妖术案的调查。但在案件的调查中，乾隆皇帝给官员的压力却带来了纷繁复杂的信息，他不得不对各种信息作出判断与指示，之后还要等待官员遵从他的指示进行调查后取得的结果。而实际上，那些他所得到的信息的真实性是不能保证的，皇权的压力反而使某些官员过于急功近利而采取了刑讯逼供的手段，错误的信息导致了错误的决定，叫魂妖术案的调查就一直在信息的获得与纠错之间盘旋不前。首犯的缺失使得皇权所推动的全国性调查始终无法完满地证明乾隆皇帝对于案件的想象，我们很难相信几个零散的云游僧道和流浪汉能够承担起谋反的罪名。相比之下，在两淮盐引案中，乾隆皇帝几乎可以随心所欲地以正当的理由在常规制度下实现对官员的惩治与管理，官员所使用的惯有策略在案件中都没有达到想要的效果，乾隆皇帝在办案时也并不过于倚仗官员所上报的信息，例如即使在顾蓼怀翻供后，乾隆皇帝依然可以治高恒的罪。

皇权在名义上是无限制的，只是在不同的情境下会有不同程度的发挥效果。受限于维护政权稳定的需要，皇权在实际运作中会碰到难以克服的困境。在具体的帝国治理中，这一困境主要表现在作为个体的乾隆皇帝面对诸多官员时所产生的管控难题。一方面，官员通过日趋正式化的奏折制度控制了信息源头以剔除对自己不利的内容，使得乾隆皇帝无法得到有用的信息，他手中的权力更因此无处施展。而另一方面，即使皇权能够正常运作，其最终所能取得的结果在很大程度上依然取决于办事的官员。当皇帝的意志与官员的个人利益相冲突时，官员很有可能会采取消极的态度阻碍皇权的运作。而即使乾隆皇帝能够突破信息封锁知晓这种消极态度，他依然要寻找一个合适的理由来对官员发泄心中的不满。而此时，统治的合法性又为皇权的运作增加了难度，尤其是乾隆皇帝这样深受儒家思想影响，立志成为仁君的君主，对于合法性更为看重。在叫魂妖术案中，乾隆皇帝所进行的权力运作并不成功，但在两淮盐引案中我们看到，面对同样的问题，乾隆皇帝却顺利地走出了困境。

这就让我们又回到了一开始所提出的问题：叫魂妖术案与两淮盐引案发生在同一年，都由乾隆皇帝主导推动，所处的制度环境也相同，甚至办案人员也有很大的重合，为何两桩案件却有截然不同的结果？

第七章　越反越腐的大清王朝

乾隆皇帝治下的贪污罪

自古以来，国家官员的贪污一直是威胁皇权统治稳定的罪行之一，而像乾隆皇帝这样熟读史训的君主会更加知道官员腐败的危害。贪污犯罪实际上是君臣博弈中官员逐私利而损害君主统治的行为。一方面，官员所贪污的往往是国家公款，这会影响国家的财政收入；另一方面，权钱交易会使官员违背既有的规定，破坏国家制度的运行，甚至会招致底层民众的反抗，继而对国家政权产生直接威胁。而对于乾隆皇帝来说，官员的贪污更是对他的欺骗，这是一位自负的皇帝所不能容忍的。而在两淮盐引案中，地方官员更是公然开始与皇帝夺利。乾隆皇帝继位伊始就十分关注腐败犯罪与官员廉政问题，曾言："夫吏治以操守廉洁为本，而持廉之道，莫先于谨小慎微。"[1] 同时他也深知官场腐败陋规的

[1]《清实录·乾隆朝》，中华书局,2008，乾隆元年十二月癸亥日条。

状况，直言“督抚为一省表率，既收州县土宜，则两司、道府馈遗又不可却。而州县既送督抚土宜，则两司、道府馈送又不可少。层屡递及，督抚所收有限，而属员之费已不赀矣”[2]，也表明了自己要继承父皇雍正皇帝惩治腐败的决心：“我皇考澄清整饬之良规，万世所当遵守者。何忍稍有踰越，渐致纵弛，是用特申诫谕，务各凛遵。如有暗中收受者，或经朕访闻，或被风闻参劾，必严加议处，以为簠簋不饬之戒。”[3]但贪污犯罪首先是一种“犯罪”，这也就意味着其在处理时需要被纳入一种常规化的法律制度中，否则难免会被视为暴君行为。即使在明朝初期那样颇为混乱血腥的反腐运动中，依然有诸如《大诰》这样的成文刑典作为判案量刑的依据，而在乾隆时期，对于贪污犯罪的惩治则主要依据清朝的法典《大清律例》。

《大清律例》中有关贪污罪的相关条文主要有两方面，第一是刑律贼盗类中的监守自盗仓库钱粮法条和常人盗仓库钱粮法条，主要针对的是侵吞国家财产的官员。监守自盗一条适用于侵吞本职工作所看管的国家财物的人员，而常人盗一条则适用于侵吞本职工作以外国家财物的人员。第二就是刑律受赃类中以官吏受赃为代表的部分法条，主要针对收受贿赂的官员。而在受赃类的法

[2]《清实录·乾隆朝》，中华书局,2008，乾隆元年十二月癸亥日条。

[3]《清实录·乾隆朝》，中华书局,2008，乾隆元年十二月癸亥日条。

条中，还区分出了几种不同的情形：如果官员收受贿赂为他人谋取私利的行为触犯或破坏了国家的法律法规，则视为枉法，如果没有触犯或破坏国家的法律法规，则视为不枉法，不枉法受赃比枉法受赃的罪责轻一些。另外，如果事前本没有被许财物，但在事后收受贿赂者，则要看此事是否枉断，枉断者按枉法受赃处理，未枉断者则等同不枉法受赃。官员家人收受财物，官员也要受到牵连治罪，同时各司、道、府、州、县官员应不时访查所辖衙门，如果手下官员被其他上级官员或监察机关查出有受赃之罪，则也要担负失察之责而被交部议罪。如此之外，还有因公科敛的情形，即官员打着公务的旗号收取财物，虽然实际上此项公务是存在的，但上级并没有明文要求进行财物的收取征集。如果收取财物是为了其他公务用度，惩罚较轻，即使赃重时也只是按坐赃[4]论处，但如果官员将财物收为己用，则会按照枉法受赃论处。

---

[4] 关于坐赃罪，《大清律例》中的具体规定为："凡官吏人等，非因（枉法、不枉法之）事，而受（人之）财坐赃致罪；各主者，通算折半科罪；与者，减五等。"也就是说坐赃罪指的是官员并没有收受贿赂，但其行为给国家及社会造成了损失，类似于今天的玩忽职守罪。因为其不涉及收受贿赂和侵吞公款，所以暂未将其算作腐败罪之列。坐赃罪的惩罚相对较轻，最重就是造成的损失达五百两时"罪正杖一百，徒三年"。

总体来讲，《大清律例》中对于贪污罪的法条虽然并不详细缜密，但也基本包括了官员贪污犯罪的主要情形，而且《大清律例》中对于贪污犯罪的惩罚也是比较重的。监守自盗仓库钱粮的法条中规定："凡监临主守自盗仓库钱粮等物，不分首从，并赃论罪。……四十两斩。"[5] 常人盗仓库钱粮法条则规定："凡常人(不系监守外，皆是）盗仓库（自仓库盗出者坐）钱粮等物，(发觉而）不得财，杖六十，(从减一等)。但得财者，不分首从，并赃论罪。……八十两绞。"[6] 受赃罪的相关法条中规定："凡官吏受财者，计赃科断，无禄人[7] 各减一等。官追夺除名，吏罢役（赃止一两者）俱不叙用。……枉法赃，各主者，通算全科。(谓受有事人财而曲法处断者，受一人财固全科；如受十人财，一时事发通算作一处，亦全科其罪。若犯二事以上，一主先发已经论

---

[5] 马建石、杨育棠主编：《大清律例通考校注》，中国政法大学出版社，1992，第 669 页。

[6] 马建石、杨育棠主编：《大清律例通考校注》，中国政法大学出版社，1992，第 679 页。

[7] 即"月俸不及一旦者"的低阶役吏，他们是九品十八级官阶体系之外的政府雇员，如典史、驿丞、僧道官员等，没有品级却是国家意志最基层的执行者，这一群体也维系着官僚体系乃至国家的正常运转。

决，其他后发虽轻若等，亦并论之。）……八十两，（实），绞（监候）。……不枉法赃，各主者，通算折半科罪。（虽受有事人财者，判断不为曲法者，如受十人财，一时事发，通算作一处，折半科罪。一主者，亦折半科罪。准半折者，皆依此。）……一百二十两以上，（实），绞（监候）。”[8] 比较特殊一些的是因公科敛罪，“凡有司官吏人等，非奉上司明文，因公擅自科敛所属财物，及管军官吏科敛军人钱粮赏赐者，（虽不入己）杖六十，赃重者，坐赃论。入己者，并计赃以枉法论。（无禄人减有禄人之罪一等，至一百二十两，绞监候。）”[9]。除了因公科敛不入己时的罪责较轻以外，其他涉及贪污罪的法条都是颇为严厉的，一百多两的贪污金额就可以将一位官员置于死地。如果将这些法条与之前所讨论的几个贪污案例结合一起来看，我们会发现一种很吊诡的状况，一方面是贪污几十两便可判官员死刑的严厉法条，另一方面则是动辄上万涉案金额的群体性腐败案件，似乎在一般情况下，这些法条对于官员并没有多大的震慑力。尤其是这些法条背后还有着乾隆皇帝这样一位对于官员腐败与欺瞒深恶痛绝的君主，这说

[8] 马建石、杨育棠主编：《大清律例通考校注》，中国政法大学出版社，1992，第 905 页。

[9] 马建石、杨育棠主编：《大清律例通考校注》，中国政法大学出版社，1992，第 922 页。

明在常规制度下官员的腐败问题是很难得到整治的，即使乾隆皇帝手中拥有无上权力也无法达到预防和及时查处官员腐败的目的。

虽然在常规情形下《大清律例》中的法条对于遏制官员腐败起不到多大作用，但是在具体的腐败案件中它却可以为量定刑罚的官员和乾隆皇帝提供非常有效的参考依据，这一点在两淮盐引案中得以体现。现在我们可以很清楚地知道为什么乾隆皇帝要竭力查出盐政官员私吞预提盐引资金的情形，因为在以上这些腐败的罪名中一旦涉及“所得己用”，那么等待这些官员的将会是非常严厉的处罚，而且没有任何回旋余地。对照《大清律例》来看，在两淮盐引案中，高恒、杨重英二人是以受赃罪论处的，有较为确凿的口供证明二人得到了盐商的银两，而卢见曾和普福则可以用因公科敛定罪，因为预提盐引作为一项公务其本身是合乎规定的，但预提盐引收取盐商献贡却没有朝廷的任何明文规定作为依据，可以视为因公科敛。普福有无法交代去向的银两，而且自己供认将盐商的献贡用于建设戏班，还贪污了为皇帝办贡的银两，其因公科敛钱财为己用的罪名是坐实的。至于卢见曾，虽然由于时间久远而找不到确凿的证据证明他在任时私留了预提盐引所得，但他在盐商处寄顿银两的事实是确凿的。在案件审理的相关记载中，我们并没有看到卢见曾对于这寄顿的几千两银子做出什么解释，那么办案人员完全可以将这些来源不明且数量可观的银两作为卢见曾贪污预提盐引银两的罪证。

两淮盐引案的查办与审理的过程并不是严丝合缝的，其中充满漏洞与不合理之处。不仅最基本的“千万两亏空”是被建构起来的，之后顾蓼怀的翻供也表明案件的具体审讯程序存在诸多问题。但这些都没有阻碍案件的查办与最终结案，而且通过上面的分析我们还发现，这几位官员最终的定罪、量刑都是有法可依的，也就是说，虽然这起案件一开始是完全由乾隆皇帝建构的，而且整个案件的查办也是由乾隆皇帝推动的，但案件的审理以及最终结案都是在常规法律制度下进行的，至少表面如此。当然这并不意味着乾隆皇帝已经放弃在常规制度中对案件施加影响，正相反，常规的法律制度为皇权赋予更自由的发挥空间。以《大清律例》为基础的常规法律制度的逻辑是很简单的，只要能用确凿的证据证明这些官员的行为符合法条描述，那么就可以将其治罪。因此尽管两淮盐引案的查办过程存在各种问题，但仍然获得了可以将官员定罪的证据，而对腐败官员进行惩治正是皇权要达到的目的。法律制度为皇权提供的自由发挥空间在于定罪的多种可能。也就是说，如果办案过程中出现了差错导致证据缺失而无法坐实某些罪名，乾隆皇帝依然有其他选择，比如即使卢见曾在盐商处寄顿的银两未被查出，他收受商人的价值上万两的古玩仍可以作为受赃罪的证据；即使张文学未能供出自己经手的银两，高恒依然要解释自己巨额财产的来源，此时他的财产已经成为“己用”的有力证据，无论它是来自预提盐引款项还是其他人所给，高恒都逃脱不了最为严厉的惩罚。

结合诸多乾隆时期的腐败案例来看，《大清律例》中所设定的涉案金额限度实在不值一提，从涉案金额层面上来讲，腐败的官员一经查处就注定面临死刑。在《大清律例》所有涉及贪腐的罪行中，只有因公科敛不入己产的情况判不到死刑，这也是为什么几位盐政官员在最初的供述中都强调将预提盐引的资金全部用于公事上了，因为这样确实可以为自己减轻罪过。但正如上面所讲，即使这些官员的供述属实，乾隆皇帝仍可以通过其他证据来证明他们的贪污罪。除非这些官员在证明自己因公科敛的财物全部用于公事的同时没有任何其他把柄或破绽使自己陷于贪污罪的囹圄中，而这对于清朝官员来说往往是很难做到的。换句话讲，至少在乾隆时期，贪污罪是惩治官员最有效的一种手段。

州县官的银两

那么贪污罪何以能够对清朝官员的身家性命造成如此大的

威胁呢？这还要从官员的收入情况说起。清朝的俸禄制度在一定程度上是对明朝的承袭，而明朝的俸禄制度是非常突出的“薄薪制”，一般的官员不仅没有职田，而且薪俸很低。在明初洪武年间，“官俸全给米，间以钱、钞兼给”[10]，也就是说，官员的工资几乎都是以粮食来发放的，而最高品级正一品文职官员一年的俸禄也只有约一千石[11]粮食，这一千石的年薪要养活一家老小并不算充裕。一品官尚且如此，其他中低阶层官员的生活就更困窘了。后来因为国库粮仓紧张，朝廷连粮食也发不起了，不得不进行“折色”，即一部分粮食俸禄以钞票的形式发放。但明朝时钞票又经常贬值，导致官员实际拿到的俸禄越来越少，而且就这么点俸禄还经常会被拖欠。这种低薪制度直接导致的结果就是很多官员靠工资根本无法养家糊口，比如洪武时期的陕西参政陈观，一个从三品官员，一年俸禄为三百石左右，其“在陕以廉谨称。……其卒也，妻子几无以自存”[12]。陈观以廉洁著称，意味着他基本上就是靠当官的合法收入——俸禄过日子，而他死

[10] 张廷玉等撰：《明史》卷八十二《食货六》，中华书局，2000。

[11] 黄惠贤、陈锋：《中国俸禄制度史》，武汉大学出版社，1996，第 451 页。

[12] 张廷玉等撰：《明史》卷一百三十七《列传二十五》，中华书局，2000，第 2629 页。

后妻儿老小就无法生存了，这说明陈观为官这么多年连一点积蓄都没有。更有甚者，正二品吏部尚书刘崧，“幼博学，天性廉慎。兄弟三人共居一茆屋，有田五十亩。及贵，无所增益。十年一布被，鼠伤，始易之，乃葺以衣其子”[13]。在这样困窘的境地下，官员想要保持廉洁就得靠自身修养，也许少数人确实能做到，但大部分人则选择通过手中的权力为自己谋取利益，这也就造成了明朝官场贪腐横行，官员贪赃枉法的情况非常严重。正如永乐年间任左中允的邹缉在上疏中所说：“贪官污吏，遍布内外，剥削及于骨髓。朝廷每遣一人，即是其人养活之计。虐取苛求，初无限量。有司承奉，惟恐不及。间有廉强自守、不事干媚者，辄肆谗毁，动得罪谴，无以自明。是以使者所至，有司公行货赂，剥下媚上，有同交易。夫小民所积几何，而内外上下诛求如此。”[14]

从某种程度上来讲，清初的薪酬建制还是承袭了明朝薄俸的精神，文官的正俸是相对较少的。以本案涉案的盐政官员为例，除朝廷委派的巡盐御史保持其原官品级以外，地方上

[13] 张廷玉等：《明史》卷一百三十七《列传二十五》，中华书局，2000，第 2630 页。

[14] 张廷玉等：《明史》卷一百六十四《列传五十二》，中华书局，2000，第 4436 页。

的两淮盐政部门的主管，即两淮盐区都转盐运使司运使，官阶为从三品，按照顺治十三年（1656）的标准，其薪俸不过一百三十两[15]，至乾隆年间官员正俸虽略有增加，但也依然不过一百五十九两而已[16]。但清朝的俸禄制度相比于明朝还是大有改善，主要表现在薪俸的发放以支银为主，兼有俸粮，这样就避免了明朝折色制度的弊端，能让官员拿到实在的薪酬，防止因银钱比价波动而使官员工资的收入产生损失。另外在清朝初期，朝廷也在正俸之外以各种名目为一些外地官员提供补贴。顺治四年（1647），“定各直省文官岁给薪菜烛炭、心红纸张、案衣家具、修宅等银各有差”[17]。还是以从三品的盐政官员为例，按规定其各种杂项名目可得二百七十余两[18]，是远远大于正俸的，这在一定程度上缓解了官员窘迫的财务状况。但这项补贴并未

[15] 黄惠贤、陈锋：《中国俸禄制度史》，武汉大学出版社，1996，第 541 页。

[16]《钦定四库全书·史部·钦定大清会典》卷十八《俸饷》，乾隆二十九年版，未出版古籍刻本。

[17] 刘锦藻编：《清朝文献通考·国用四》，浙江古籍出版社，1988。

[18]《钦定大清会典事例》卷二二三《户部·俸饷·文物外官俸银一》，光绪重修本，未出版古籍刻本。

实行太长时间就因为军费用度加剧和国家财政困难而取消了，清朝的官员又回到了与明朝相似的低薪状态，陷入颇为困窘的境地。康熙时期任监察御史的官员赵璟就曾有过这样一段议论："总督每年支俸一百五十五两，巡抚一百三十两，知州八十两，知县四十五两。若以知县论，一家一日，粗食安饱，兼喂马匹，亦得费银五六钱，一月俸不足五六日之费，尚有二十余日将忍饥不食乎？不取之百姓，势必饥寒。督抚则必取之下属。俸禄不增，贪风不息；下情不达，廉吏难支！"[19] 这种困窘的情形与明朝何其相似，此时的清政权很有可能因为薪俸制度而重蹈明朝的覆辙。

情况也确实在向坏的方向发展，清朝的官员尤其是地方官员为了维持自己的生活用度与行政开支，不得不从非常规渠道获取资金，除了贪污受贿以外，他们还将耗羡归为己有。所谓耗羡，也即火耗，是一种附加税，本是地方官员在征收正项钱粮时用来弥补白银熔化重铸为标准大块官银时的损失，同时也用来弥补粮户所缴银两的纯度与官方要求之间的差异所造成的损失。但随着官员以耗羡作为弥补薪俸不足的资金来源，其征收的耗羡与银两实际损失之间的差距越来越大，数额也越来越大，个别省份甚至

[19] 蒋良骐撰：《东华录》卷九，齐鲁书社，2005，第 151 页。

达到了地丁钱粮的百分之四十[20]。实际上清代针对钱粮征收时银两的损失有合法的加派，即“平余”[21]，因此耗羡在顺治朝和康熙朝是被禁止的。参考《大清律例》，征收耗羡的官员有因公科敛收为己用之罪嫌，虽然银两熔化和运输的损失确实需要弥补，但耗羡并不是朝廷规定的合法收费项目。虽然按律来说这些收取耗羡的官员都是要丢性命的，但法不责众，当几乎所有的地方官员都在用耗羡弥补支出资金的时候，皇帝的禁令与法律就没了任何作用，尤其是朝廷也知道地方官员所处的困窘境地。既然朝廷无法提供足够的资金维持州县基层政权的运转，那就不得不默许地方官员的这种乱收费的行为，就连康熙皇帝也不得不承认：“所谓廉吏者，亦非一文不取之谓，若纤毫无所资给，则居官日用及家人胥役何以为生？如州官只取一文火耗，此外不取，便称好官。其实系贪黩无忌者，自当参处。若一概从苛纠摘，则属吏不胜参矣！”[22]这段话说明当时清朝官员的苛捐枉法已是普遍现象，而如康熙皇帝这样圣明的君主也无

[20] 陈登原：《中国田赋史》，商务印书馆，1998，第213页。

[21] 曾小萍：《州县官的银两》，中国人民大学出版社，2005，第83页。

[22] 王庆云：《石渠馀纪》卷三《纪耗羡归公》，北京古籍出版社，1985，第300页。

法解决这一问题，如果任由这样的情况发展下去，那么清朝政权就面临巨大的危机。终于在雍正皇帝当政时期，朝廷开始着手解决耗羡问题，开始施行耗羡归公的政策，并建立起养廉银制度。

耗羡归公政策实际上是将地方官员的非正式收入纳入正式的财政制度当中。地方政府财政紧缺和官员低薪低酬问题都是客观存在的，而完全禁止官员收受耗羡也是不可能的，所以朝廷就干脆承认耗羡收费的合法地位，将这笔资金记入地方财政，并且从朝廷取银两为官员发放养廉银。耗羡归公的政策一来解决了地方财政短缺问题，二来也为官员增加了收入，在一定程度上缓解了低薪所带来的生计问题。同时耗羡的制度化将使征收的项目与金额更加明晰与规范，在一定程度上防止了官员乱收费对于粮户及纳税人的侵扰，而伴随耗羡归公政策产生的养廉银，其发放数额数十倍于正俸，因此成为清朝地方官员重要的收入来源。雍正时期，养廉银制度刚刚建立，各省养廉银的标准有很大差距，即使同一省内，养廉银金额也经常变更。直至乾隆十二年（1747），乾隆皇帝对养廉银制度进一步规范，按照“地方远近、事务繁简、用度多寡”[23]的原则对各

[23] 黄惠贤、陈锋：《中国俸禄制度史》，武汉大学出版社，1996，第 548 页。

省督抚的养廉银标准进行了统一规定，之后又在乾隆二十五年（1760）对各省按察使、布政使的养廉银进行了调整规划，至此各地方官员的养廉银金额虽然仍时有浮动，但浮动范围已基本固定。从养廉银制度中获益最大的应该是地方的高级别官员，他们获得的养廉银数额是十分可观的，比如江苏巡抚正俸只有一百五十五两，但养廉银却有一万二千两，两者之间相差七十多倍，相比之下，同省知县的养廉银数额只是正俸的四十倍。

也就是说，至两淮盐引案发生的乾隆时代，地方官员的合法收入由俸禄和养廉银两部分构成。养廉银制度建立之后，单从金额上来看，官员的收入得到了很大改善，即使是最基层的行政长官知县每年都有六七百甚至上千两进账。但这些银两是否真的能够让官员衣食无忧，甚至起到“高薪养廉”的作用呢?

乾隆时期是中国皇权统治发展的顶峰，但同时也产生了诸多问题与隐患，通货膨胀就是其中的一个表现。乾隆时期的中国人口数量达到历史最高，但经济发展的成果并没有抵消人口增长所造成的负面影响，资源的生产跟不上人口增长的速度，最终造成物资短缺以及物价上涨。同时，在乾隆皇帝当政的十八世纪，大量来自美洲的白银涌入中国，造成白银贬值，也对物价上涨起到了推波助澜的作用[24]。以米价为例，江南地区无锡的米价在雍正朝以前是一两一石[25]，而到了乾隆十八年（1753）则

---

[24] 在美洲白银对于18世纪中国物价所产生的影响究竟有多大这一问题上，诸多学者看法不一，如彭信威（1954）认为外国白银的涌入是乾隆时期物价上涨的基本原因，全汉昇（1956）则对比欧洲与中国的情况，认为美洲白银使中国和欧洲的物价都出现了上涨，但由于中国距离美洲较远，因此美洲白银的影响直到18世纪才显现出来。近些年来，另一些学者利用第一手的史料数据提出了不同意见，如陈春声（2010）认为涌入中国的美洲白银迅速进入清政府的赋税系统与官僚行政的运作中，很大一部分为皇室和国库所囤积，因此没有引发大规模的通货膨胀。赵红军、陆佳杭、汪竹（2017）利用乾隆时期松江府粮食价格的史料数据得出结论，美洲白银抬高了粮价，但也限制了粮价波动，而国内银铜双本位的制度则缓解了粮价上涨，同时又助长了粮价的波动，在双重作用下，松江府的粮价并没有出现大幅上涨。尽管美洲白银对中国物价的上涨起了多大作用是值得商榷的，但绝大多数研究还是将美洲白银视为17—18世纪中国物价上涨的一个因素，它们之间是正相关的关系。

[25] 黄印：《锡金识小录》，成文出版社，1983，第76～78页。

涨到一两半一石。另一位乾隆时期的学者钱泳回忆，乾隆时期苏州大米的市价从一千钱一石涨到二千八百钱到三千五百钱一石[26]。比钱泳年长一些的洪亮吉也曾感慨："闻五十年以前，吾祖若父之时，米以升计者，钱不过六七；布以丈计者，钱不过三四十"，"今则不然……昔之以升计者，钱又须三四十矣；昔之以丈计者，钱又须一二百矣"[27]。而乾隆五十八年（1793）作为马戛尔尼使团副使访华的英国人乔治·斯当东对中国的物价也有同样的感受，他觉得近一个世纪以来，"中国物价显著提高。……根据过去传教士的账目来看，过去的物价比现在低得多。现在中国有些必需品的价格已经同英国差不多了"[28]。根据王业键的估算，自康熙二十一年（1682）至嘉庆五年（1800）的一百多年间，清朝的物价指数上涨了三倍之多[29]，而乾隆皇帝统治时期（1736-1796）正是物价上涨的高峰期。

物价的上涨意味着官员的养廉银对生活的解困作用大打

---

[26] 钱泳：《履园丛话》上，中华书局，1979，第30页。

[27] 洪亮吉：《卷施阁文甲集》，台湾《近代史料丛刊续编》影印本·卷1，1984，第9～10页。

[28] 斯当东：《英使谒见乾隆纪实》，商务印书馆，1963，第481页。

[29] 王业键：《清代（1644—1911）物价的长期趋势》，《上海经济研究》，1983年第2期，第42～51页。

折扣，而乾隆皇帝对于养廉银标准的固定则加剧了这一情况的恶化。同时，地方官员还面临着更大的问题：“康熙晚年三五钱银子就可以买一石米，如今恐怕一两多也买不到。州县官倚为左右手的钱粮、刑名两位师爷，过去二三百两银子能延请的，此时非千金罗致不可，但州县官的养廉总共不过白银千两上下。”[30] 养廉银是出自耗羡资金归于地方财政后进行的再分配，当物价上涨后，地方政府自身的行政开支也随之增加，进而又出现了财政紧缺的情况。此时地方政府不得不先保证基本运行开支，养廉银的支出则被压缩，正如柴潮生在乾隆十年（1745）的上疏中所说：“自耗羡归公，输纳比于正供，出入操于内部，地丁公费，除官吏养廉无馀剩；官吏养廉，除分给幕客家丁修脯工资，及事上接下之应酬，舆马蔬薪之繁费，亦无馀剩。每地方有应行之事、应兴之役，捐己资既苦贫窭，请公帑实非容易。”[31] 对于中下层的地方官员来说，他们不仅要用养廉银和俸禄养家糊口，还要支付手下那些不在朝廷俸禄体系中的办事人员的薪酬，有时一个州县官员的全部薪水都不够支付幕友的工

---

[30] 晏爱红：《清代官场透视：以乾隆朝陋规案为中心》，天津古籍出版社，2012，第 223 页。

[31] 贺长龄辑：《清经世文编》上册《户政一·理财上·理财三策疏》，中华书局，1992，第 639 页。

资[32]，但处于轮转制度下的州县官员又不得不倚仗这些“非编制”人员进行基层治理。除此之外，在政府经费不足时，一省的布政使还会直接从官员的津贴（即养廉银）中扣除部分金额来维持政府用度[33]，是为“摊派”，更有甚者，地方官有时还不得不为经年累积的亏空买单[34]。上层的地方官员同样也无法逃避这种摊派，在某些大型工程因物价上涨而出现资金缺口时，乾隆皇帝总是在第一时间打官员养廉银的主意，如乾隆四十年（1775）浙江省修筑石塘，短缺工程款达二百万两之多，乾隆皇帝要求浙江全省官员自乾隆四十六年（1781）起，每年各自捐出养廉银的四分之一填补空缺。地方官员尚且如此，京城官员就更难过活了。虽然京官不用承担手下的工资，也不会被强制扣取工资去弥补地方财政，而且领取双份俸禄，但他们没有地方官员的养廉银。尤其是那些品级低的京官，要靠微薄的俸禄应付在京城的庞大开销是非常困难的。比如“戊戌六君子”之一的刘光第，出身贫寒，在戊戌变法以前只是个六品的京城小

---

[32] 陈栋编：《牧令书》卷二十三，道光戊申秋镌本，未出版古籍刻本。

[33] 葛士浚：《皇朝经世文续编》卷十六，文海出版社，1966，第26页。

[34] 瞿同祖：《清代地方政府》，法律出版社，2011，第41页。

官，不但正俸少，而且由于不事交际，又比其他京官少了地方官的孝敬。刘光第还是一个洁身自好的清廉官员，从不收受贿赂，最后落得“一布袍服，十年不易”“除礼服外，平日周身衣履无一丝罗”“笔墨书卷之外无长物”[35]。为了避免陷入刘光第这样的困苦境地，京官除了靠家庭的接济以外，还选择将自己的生计压力部分地转嫁到地方官员身上，通过自己与地方官员的交往获取利益。有清一代，地方官员到京城办事时都要给自己认识的京官送上几两的“冰敬”“炭敬”，一个京官每年靠此项收入近百两[36]，虽然看起来这些孝敬的金额不大，但积少成多，对于一些在京城人脉甚广的地方官员来说，“两敬”的开销也不在少数，这又加剧了地方官员的负担。

因此，就乾隆时期而言，官员的养廉银并没有从根本上改变原有低薪的境遇。也就是说，尽管清朝的官员可能要比明朝官员的日子好过一些，但在这样的薪俸制度下想要保持廉洁的作风也不是件容易的事情。无论是出于维持仕途与行政治理的考虑还是出于维持生计的考虑，大多数清朝官员都需要从非常规的渠道获

---

[35] 张宏杰：《顽疾：中国历史上的腐败与反腐败》，人民出版社，2016，第 277 页。

[36] 张宏杰：《顽疾：中国历史上的腐败与反腐败》，人民出版社，2016，第 257 页。

得资金，这在两淮盐引案中也得到了体现。盐商们对预提盐引的报效严格来讲是官员私自加派的附加税，与耗羡归公之前的耗羡是一个性质。至于盐政官员直接收受盐商的银两，就可以视为贪赃了。之前提到的地方官员给予京官的“两敬”，则可以划入陋规的范畴。陋规实际上也可算为贪污的一种。而这些非常规的渠道，从《大清律例》的法条上来讲，都是可以入罪的。

根据以上分析来看，无论是京城官员，还是地方官员，如果单靠俸禄及养廉银，是很难维持在较好的生活水平上的。换句话来说，如果一位官员有着不错的生活质量，能供养起一家老小，做京官能在京城过上较为舒适的生活，做地方官能付得起手下人员的工资，除非这位官员本身家境富裕（并且这一富裕家境的收入来源也是合法的），否则他一定或多或少地通过非常规的渠道获得了资金。这样的官员实际上就是潜在的贪污犯，而这样潜在的贪污犯在清朝官员中一定不是少数。

更为重要的是，这种非常规渠道的得利机制使得官员的收入出现了名与实的背离。名即是官员明面上的合法薪俸，实则是他们的实际收入。官员合法的薪俸与养廉银都有较为明晰的规定，根据品级与具体官职就可以知晓其合法收入，但实际上官员通过陋规与贪污获得了正式薪酬无法累积达到的资产，而这些资产就成为官员贪赃腐败的罪证。此时，贪污案的查办变得简单了，即使无法找到官员侵吞受赃的确凿证据，也可以直接利用官员名不符实的资产做出有罪推定。既然靠正式俸禄积累不到这么多资产，那么被查官员就有贪污嫌疑。因此，在诸多贪污案的办理过程中，我们发现，查抄官员家产是指证与确定官员罪行的最有效手段。

惩贪：捍卫统治合法性

对于乾隆皇帝来说，他的权力在运作时始终无法撇开统治合法性的要求，因为这关系到政权统治的稳定，也关系到皇权存在的根本。而在皇权统治的具体情境中就意味着皇帝的行为必须要顾及诸如儒家意识形态、官僚体制的运作等会对政权造成影响的方面。尤其是乾隆皇帝这样一位早年深受儒家帝王教育熏陶的君主，在他身上的一个突出表现是，其在行使权力时不得不顾及自己作为一位儒家意义上的仁君的脸面。这种面子是一种工具化的形象维持，是儒家内圣外王品质的要求，也是君主个人魅力的展现，更是统治合法性的最直接表现。在涉及与官员之间的互动时，乾隆皇帝要为自己的行为寻找各种理由来维护脸面，这些理由首先能让乾隆皇帝自己在知行上达成自洽，其次也在向官员做以展示抑或说释放信号，即“我”的行为就是一位践行仁政的贤明君主的所作所为，你们没有理由对此提出异议。当然，有时这些理由并不一定都是站得住脚的，此时乾隆皇帝就会动用手中的权力试图让官员接受其中的不合理成分。乾隆五十五年（1790），乾隆皇帝与内阁学士尹壮图的赌局就是一个典型的例子。面对尹壮图对于各省地方政府腐败、粮仓亏空的揭露，乾隆皇帝必须要维护自己仁君的脸面，来惩罚这位不知好歹的官员。但他对尹壮图的惩罚必须要找到一个合理的理由，那就是尹壮图的上奏是虚假的。为此，乾隆皇帝摆出了虚心纳谏的姿态，让尹壮图查证各省粮仓状况，但不仅规定了路线，还派了满洲大臣庆成跟着他，甚至一路告知各省受检粮仓提前准备。最终乾隆皇帝名正言顺地堵住了尹壮图的嘴，而且还颇为大度地免去了尹壮图的死罪，不仅保住了脸面，还为自己的仁君形象锦上添花[37]。

其实当尹壮图踏上查访粮仓的征途时，所有人都知道他注定是失败的，包括他自己。乾隆皇帝不能直接对揭发腐败亏空的尹壮图实施惩罚，因为那是没有理由的，是暴君的行为，也丢了自己的脸面。但当他用这种近乎无赖且迂回的方式完美地找到了对尹壮图施以惩罚的理由时，所有人却一下子就接受了。皇帝的脸面实质上是皇权运作时冠冕堂皇的外衣，抑或说是一种掩耳盗铃的故作姿态。这种脸面对于事件结果的达成是毫无意义的，但它给皇权的运作提供了一定程度的合法性。在很多时候这种合理的理由或解释是一个必备的环节，尽管它不一定完全合理和让人信服。

---

[37] 郭成康：《乾隆正传》，中央编译出版社，2006，第 651～656 页。

但在两淮盐引案中，乾隆皇帝在统治合法性层面上的顾虑却少了很多。官员的贪污是历朝历代的皇帝们所重点打击的对象，也是历朝历代律法所关注重罚的罪责。同时贪赃枉法的官员也是不遵守“臣道”的，不仅未能向君主尽忠，连最基本的修身德行都未能做到。无论从儒家意识形态上来讲，还是从法律规定的层面上来讲，抑或是从王朝统治的整体利益上来讲，腐败贪污的官员都是必须要受到制裁的。也就是说，查处贪污案件可以给皇权的运作提供一个非常正当的理由，一旦乾隆皇帝将贪污的嫌疑扣在某个官员头上之后，他就可以围绕着腐败犯罪对官员进行查办，即使他最开始的怀疑是不正确的，但只要能找出该官员身上的问题，就能在保住皇帝脸面的同时治其罪。而正如之前我们所分析的，官员想要在为官经历中保证毫无破绽是非常困难的。有了统治合法性的支持，皇权在贪污案中的运作效果要远远好于诸如叫魂妖术案那样只能以失职论处官员的案件效果。

皇权的武器：常规权力的非常规运作

现在，让我们回到一开始所提出的问题，那就是名义上无限的皇权在具体的帝国治理中为什么会处于一种无法自如发挥的困境中?

最为根本的原因就是皇帝的权力与地位是来源于政权的，一旦政权不存在，皇帝的一切也会随之消失。因此，皇权的运作是不能以损害政权利益为代价的，相反，其运作要尽可能地维护政权的稳定与发展，每一位头脑清醒的皇帝都应该知晓其中的利害关系。而皇权与政权的这一层关系就意味着皇帝必须依靠官员来维持整个帝国政权的运转，这种依靠无形中给了官员很大的活动空间，他们可以通过信息控制与消极办事来争取自己的利益。而在一般的帝国治理情境下，皇帝对官员这些行为的应对是乏善可陈的，常规制度下不仅惩罚措施的震慑效果欠佳，甚至很有可能因为信息渠道不通畅而完全无法获知官员的不法行为。除此之外，皇帝还要考虑儒家意识形态所营造的统治的合法性，这同样意味着皇帝在日常的权力运作中的很多方面包括在对待官员的态度上要尽可能地符合统治合法性的要求。

当常规化的手段无法走出困境时，乾隆皇帝开始采取一些非常规化的手段来加强自己对于帝国政治和官员的控制。叫魂妖术案就是他的一次尝试，乾隆皇帝企图用这样偶然性的政治案件来扰乱官员的惯习，借机使皇权向下延伸。但叫魂妖术案就其性质而言并未脱离官僚阶层熟悉的日常事务类型，同时案件的整个处理过程依然未能打破皇权的既有困难。奏折制度的常规化使乾隆皇帝在很大程度上丧失了有效的信息来源，因此在妖术恐慌蔓延数月后乾隆皇帝才获知消息，而且从之后的案件发展情况来看，这一最初的消息也并不十分详细。在案件的查办过程中，乾隆皇帝不得不继续依靠不甚通畅的常规信息制度，在各地诸多上报的奏折中理清案情的头绪，获知案件查办的进程，并据此发布旨意布置接下来的办案工作。虽然叫魂妖术案追查的扩大化是由乾隆皇帝所推动的，但实际上他在案件查办过程中一直处于一个颇为被动的位置。乾隆皇帝的一切判断和行动都要基于地方官员的信息，即使各地官员的上报没有经过过滤或隐瞒，也往往会呈现出一种混乱甚至互相矛盾的状态。信息来源出现问题就很可能会导致乾隆皇帝的判断出现失误，继而做出错误的指示。当乾隆皇帝的指示最终通向一条死胡同时，他的行为就失去了合理性，这种合理性的缺失是无法用皇权弥补的，因为强行的弥补可能会导致统治的不稳定，而此时乾隆皇帝就不得不与官员妥协。

叫魂妖术案中的乾隆皇帝处在一个两难的境地中。一方面他无法将这桩案件超脱于常规化的制度之外，但另一方面官员会利用常规化制度的漏洞维护自身的利益而让乾隆皇帝一无所获。乾隆皇帝将叫魂妖术案升级与扩大实际就是想利用这样的突发事件突破常规制度，实现皇权对官员及政治制度的管控，但随着案件的进行，乾隆皇帝的努力又逐渐被常规制度所消解。在民间政治案的语境之下，乾隆皇帝只有在证明官员的懈怠造成了严重后果时才能有正当的理由来对官员进行惩戒，然而最终案件首犯的缺失使得叫魂妖术案本身的真实性都存在疑问。

但两淮盐引案却给我们呈现了另外一种状况。首先如上节所述，依据贪污案对官员实施惩戒是完全符合统治合法性的，也是维护政权稳定、政治清明的必备手段。从意识形态层面来讲，皇帝拥有对贪污官员惩办的“尚方宝剑”。也就是说，一旦贪污案的性质被确定下来，皇权在其中的运作在统治合法性层面已经基本没有障碍。

两淮盐引案的查办除了最开始缘起以外绝大多数时间都没有脱离常规制度的轨道，却得到了与叫魂妖术案截然相反的结果。这看上去是令人困惑的，但通过对两淮盐引案的分析，我们会发现，虽然这起案件是在常规制度的框架内被解决的，但常规制度此时成为一种陪衬的工具，并没有在其中起到什么作用。与叫魂妖术案相反，乾隆皇帝在两淮盐引案中完全居于主动，权力的行使也畅通无阻。实际上乾隆皇帝使用了一种非常规的方式构建了贪污案的指控 ，之后又借助常规制度对官员实施惩治。

如果说基于一种乌有事实的叫魂妖术案从一开始就宣告了乾隆皇帝的失败，那么这桩针对官员贪腐的两淮盐引案从乾隆皇帝看到尤拔世奏折的那一刻起就注定了皇权的胜利。乾隆皇帝首先对常规的奏折制度进行了非常规的改造，在其中加入一层带有鲜明个人色彩的审查机制，从而“制造”出了这起盐引贪污案。在案件中，乾隆皇帝完全跨越了常规奏折制度在信息上对他的封锁，几乎未靠任何其他信息便知晓了抑或说“想象”出了这起案件的基本情况，这是让所有涉案官员都措手不及的。在剩下的时间里，乾隆皇帝几乎不再需要根据地方官员的上报信息来摸清案情和做出判断，他只需要确保处于常规制度中的办案官员在尽力去证明自己对于案件的定论。而对于办案官员来说，尽管贪污案的级别没有被定性为谋反的叫魂妖术案的级别高，但由于其近乎“专案专办”的安排，实际上他们身上的压力更大，这在一定程度上压制了官员既有的懈怠习气。同时，彰宝和尤拔世这两位满洲出身的官员的仕途都曾经因乾隆皇帝而产生重大转折，从某种程度上来讲，他们的个人利益是与乾隆皇帝紧密相连的，这促使他们更好地为皇帝办事。更重要的是，相比于叫魂妖术案，两淮盐引案的查办难度实在是小多了，无论如何两位官员都应该拿出一个令皇帝满意的结果。

至此，乾隆皇帝的一只脚已经基本迈出了皇权运作的困境，接下来就是在查办过程中坐实官员的罪行。

结合《大清律例》以及清朝官员的薪酬制度来看，一位官员如果面临贪污罪的指控就几乎难逃一死。为什么乾隆皇帝对于案情的想象可以得到证实，因为在一个监察制度失灵、陋规横行、地方账目混乱不堪、官员不得不以微薄薪酬应对庞大支出的政权中，几乎每一个官员身上都可以查出与侵吞受赃相关的问题。从薪酬制度与地方财政的情况中我们就可以看出，乾隆时期的政治制度中名与实的分离已成为一种常态，无论从微观的官员个人生存的角度来讲，还是从宏观的地方政府正常运行来讲，名义上的规章都是不能得到遵守的。而以《大清律例》为代表的法条以及各部门的赏罚条例却又是以这些名义上的规章作为标准的，这就意味着贪污案的查处往往会变得异常简单，其案情也更容易被乾隆皇帝所想象，尤其是“查抄家产”这一措施，几乎可以作为查办贪污案件的撒手锏。

那么官员是否能像叫魂妖术案中那样进行对乾隆皇帝的反制呢？答案是能，但显然效果不佳。在这之前，官员所能采取的最有效的措施就是实行信息控制，并结成小团体，对乾隆皇帝进行欺瞒，就如纳捐冒赈案中的诸多甘肃官员一样。但由于乾隆皇帝的个人特质，由于其过人的智慧与才能，这种信息控制随时都有可能失灵。因为乾隆皇帝会出其不意地从官员根本不会注意到也不会进行掩盖的方面建构出一个腐败的案件。一份常规上报的奏折、一笔本是讨好皇帝的捐款都有可能成为腐败案的源头，官员是无法对这样的情况进行掌控的。那么如果乾隆皇帝的建构出现了错误呢？两淮盐引案中的“千万两”亏空本身确实是不存在的，但这并不意味着忠诚的办案官员不能在皇帝的构想下进行二次建构。两淮盐政官员收取盐商的预提盐引款项是事实，那么在账目混乱不堪的情况下，彰宝和尤拔世完全可以计算出一份表面上过得去的“千万两”亏空账目，即使这“千万两”里面存在诸多不合理，但这些不合理是完全可以由皇权抹去的，因为惩治贪污犯罪是再正当不过的理由了。即使两淮盐政官员能在陋规横行的风气下拿出一份明晰合规的账目来证明乾隆皇帝的构想是错误的，乾隆皇帝依然可以用惩治贪污的正当理由来对个人进行调查，于情于理都说得通。出于治理贪污的目的来对官员进行调查是十分正当的，而如果官员没有贪污，自然就经得起调查。当贪污案件的查办转向官员个人时（或者一开始就是针对个人的），官员所处的境地就十分艰难了。指望所有涉案人员守口如瓶吗？面对贪污这样的重罪，从犯们当然是越早供述越有可能得以减刑。指望自己的家产能够得到转移吗？先不说接受寄顿的亲戚友人是否能够经受得住调查，并不是每一位官员在案发后都有卢见曾那么多的时间进行家产转移，也并不是每一位官员都有甘愿冒着被治罪危险为自己的同僚通风报信。因此相比于叫魂妖术案，贪污案性质的两淮盐引案更能直击官员的弱点，乾隆皇帝的权力在查办贪污案的过程中也能得到更好的发挥。对于官员来说，乾隆皇帝这种模式的贪污案指控几乎是防不胜防的，而一旦进入常规的办案轨道，官员想要逃脱惩罚也是非常困难的，像叫魂妖术案那样出现找不到确凿证据的情况是很少出现的。换句话来说，对于贪污案的惩治一直是在既有的常规制度中进行的，同时具体查办也是由官员实施的，是一种不折不扣的常规权力运作。

乾隆皇帝模式下的腐败案查办是极具随机与偶然的，几乎所有的官员都有可能因为一丁点的小事情而招来杀身之祸。贪污罪所形成的惩戒氛围，实际上与福柯笔下的“全景敞视监狱”[38]有相似之处。乾隆皇帝随机式的贪污指控在其统治时期内不是个案，而是一种近乎于常规化的办案手段，这使得官员就像处于“敞视监狱”中，随时都有可能因为一些陋规或巨额财产而受到贪污的指控。尽管乾隆皇帝的精力是有限的，他不能像“监狱中央塔中的狱卒”那样进行随时监视，但仍然对官员形成了较大的威慑。

两淮盐引案既是在常规制度中被处理的，又是部分抽离于常规制度的。乾隆皇帝建构两淮盐引案的信息来源于常规的奏折制度，案件的查办是在常规的官僚系统中进行的，办案的程序是极为常规化的，最后的定罪也符合常规下的法律规定。但实际上，乾隆皇帝是用了非常规的手段从奏折中找到了原本不存在的信息，办案官员的可靠背后也掺杂了与乾隆皇帝非常规的个人联系。而在最后，三位罪犯的判词实际上也是有问题的，但案件却可以就此结案，因为三位官员贪污的罪证确凿，常规制度下的细枝末节已不再重要，乾隆皇帝此时已完全掌控了局面。

---

[38] 福柯：《规训与惩罚》，刘北成、杨远婴译，生活·读书·新知三联书店，2003。

无解的困境：常规权力的非常规化

在两淮盐引案中我们看到，当贪污案作为一种工具被乾隆皇帝用于实现控制官员的目的时，官员几乎没有什么应对之策，诸如翻供、藏匿寄顿财产等方法都行不通。那么官员是不是真的在面临贪污指控时就束手无策呢？答案是否定的。对于深陷贪污漩涡的官员来说，此时唯一有可能拯救他们的，就是乾隆皇帝。

两淮盐引案中的一个细节给了我们一点启发。实际上在《大清律例》中，除了对受赃的官员定罪的法条以外，对于行贿人员也有相应的处罚，要以坐赃论罪[39]，盐商对诸如高恒的进献显然是符合此条情形的。以盐商的涉案数额来看，免不了杖刑与徒刑，但乾隆皇帝却刻意忽略这一事实，将盐商转为污点证人，从而让他们得以脱罪。毕竟无论从国家财政层面来讲，还是从乾隆皇帝个人收入来看，盐商都起着重要的作用，乾隆皇帝当然要想方设法保住这一财源。最终乾隆皇帝也得偿所愿，不仅使盐商见识到了皇帝的天威而更加俯首帖耳，还凭空收了六百多万两的追缴款。虽然说盐商的身份与官员不同，但从中我们也可以看出在贪

---

[39] 马建石、杨育棠主编：《大清律例通考校注》，中国政法大学出版社，1992，第 913 页。

污案查办的常规制度中，乾隆皇帝的权力运作非常灵活。从另一个角度来讲，既然在贪污案查处的常规制度下乾隆皇帝的权力运作是通畅的，那也就意味着他也可以设法对涉嫌贪污的官员网开一面。

最为典型的例子就是发生于乾隆四十四年（1779）底到四十六年（1781）的云贵总督李侍尧贪污案。虽然说这起贪污案算不上是乾隆皇帝的随机指控，但信息来源也不是常规的监察制度或奏折制度，而是宠臣和珅私下的汇报。从案件所查罪证来看，李侍尧是必死无疑的，他不但受贿索贿达三万一千两，而且还被查抄出了巨额家产，办案官员和珅在核实案件详情后拟以斩监候上报给了朝廷[40]。尽管李侍尧的贪污事实确凿，但乾隆皇帝还是想留下他的性命，因为两人之间的私人关系还是比较密切的。乾隆皇帝十分欣赏李侍尧为官的才能，经常夸赞他，即使在案发后还说“李侍尧历任封疆，在总督中最为出色”[41]。更为重要的是，李侍尧是诸多封疆大吏中办贡最积极的，尽管乾隆皇帝一直对外宣称自己并不喜欢各地督抚的进贡，但李侍尧却能揣摩皇帝的心

---

[40] 中国第一历史档案馆编：《乾隆朝惩办贪污档案选编》，中华书局，1994。

[41]《清实录·乾隆朝》，中华书局，2008，乾隆四十五年五月乙酉日条。

思，挑选最符合皇帝喜好的器物献上，深得乾隆皇帝欢心。李侍尧出了事情，乾隆皇帝不仅少了一个心腹，他为自己办贡的事情也很有可能被披露，从而使自己颜面无存。更令皇帝意想不到的是，复核商议李侍尧罪罚的九卿会议将原本还有周旋余地的斩监候改为斩立决，原因为李侍尧身为高官，知法犯法，其罪行比之前判以绞立决的一品大员鄂善更为恶劣，不能姑息[42]。此时乾隆皇帝显然不能出面进行直接干预，因为因私人关系而枉法是不正当的，是有损自己的仁君形象的。但乾隆皇帝还是想尽了一切办法，发布了这样一道上谕："至如李侍尧之赃私累累踰闲荡检，实朕意想所不到。今李侍尧既有此等败露之案，天下督抚，又何能使朕深信乎？……各督抚须痛自猛省，毋谓查办不及。……人人以李侍尧为炯戒，则李侍尧今日之事，未必非各督抚之福也。所有此案核拟原折，即著发交各督抚阅看。将和珅照例原拟之斩监候及大学士九卿从重改拟斩立决之处，酌理准情，各抒己见，定拟具题，毋得游移两可。"[43]在这一道上谕中乾隆皇帝不露痕迹地借警示各督抚为名将李侍尧的定罪讨论扩大化了。一般这样重大的事务经由九卿会议讨论便已足够，而把各省督抚拉入议程实

[42] 郭成康：《乾隆正传》，中央编译出版社，2006，第 422 页。

[43]《清实录·乾隆朝》，中华书局，2008，乾隆四十五年五月乙酉日条。

属罕见。乾隆皇帝希望通过这样的上谕向督抚释放一个信号，那就是他认为九卿会议讨论的结果值得商榷，希望督抚们能做出相左的意见给他一个台阶。事实证明乾隆皇帝的心意还是有人能够看透的，时任安徽巡抚的闵鹗元上折恳请乾隆皇帝念及李侍尧之前的政绩与个人才能，暂且缓刑。乾隆皇帝抓住了这一根救命稻草，将李侍尧的死刑推后了一年。而李侍尧也很走运，半年之后，边疆地区发生叛乱，他被乾隆皇帝从牢狱中唤出戴罪立功，平定叛乱后又立马被派去调查甘肃纳捐冒赈案。李侍尧突出的表现为自己争取到了免罪的机会，关于他贪污的案件就这样被人遗忘了。

李侍尧的案件首先印证了之前我们所讲的皇帝脸面，即乾隆皇帝不能恣意使用自己的权力，他必须要找到合理的借口来保住李侍尧的性命，且这一借口也不能过于露骨。但另一方面我们也看到了，只要乾隆皇帝找到了正当的理由，那么他的权力就有了可以施展的余地。如果督抚们没有人肯为李侍尧说话，乾隆皇帝可能还会继续将其他官员拉入讨论当中，而即使边疆没有出现叛乱，乾隆皇帝也会给李侍尧找其他戴罪立功的机会。

不过乾隆皇帝执政时期对于贪污的惩处还是非常严厉的，诸如李侍尧这样的情况较少。但这一案件无疑在告诉其他官员，只有通过各种方式（比如办贡和金钱报效）与乾隆皇帝形成良好的私人关系，抑或说在与皇帝的关系上无法更进一步时也要时刻表现出对皇帝的忠诚，不让皇帝对自己产生反感，才有可能在面临贪污指控时求得一丝希望。至于那些敢于忤逆皇帝的官员，除非他们真的廉洁到一点问题都没有，否则随时都有可能被乾隆皇帝的惩贪模式所制裁。在查办腐败案的常规机制中，皇帝的权力运作游刃有余，而此时也只有皇帝的权力才能拯救官员的生命。

此时，两淮盐引案中的前后两任盐政普福与尤拔世之间在思想觉悟层面上就分出了高低。我们注意到，尤拔世在上奏中将预提盐引的缴银解往了内务府，也就是说他默认这笔钱是属于乾隆皇帝的。而普福虽然创制了每引三两的标准，却将这笔钱私自作为部门的小金库。这种明目张胆地与皇帝争利的行为自然会触怒乾隆皇帝，因为私自截留资金与隐瞒不报是君臣博弈中官员寻求私利的典型表现。如果普福能够像尤拔世那样有着将盐商报效上缴乾隆皇帝的觉悟，那么他可能就会成为揭开两淮盐引案的第一人了。尤拔世的忠君觉悟虽然不致拉近与乾隆皇帝的个人关系，但让自己避免了与普福同等的下场。而当官员与乾隆皇帝的个人关系发展到非常亲密的程度时，他就相当于得到了免死金牌。就如和珅这样的官员，权倾朝野，指望其他官员参劾他是不现实的，而乾隆皇帝模式下的反腐就更加不可能了，他在平常事务中非常倚仗和珅，怎么会去想着寻找和珅日常上报与言行中的问题与破绽呢？

实际上，在皇权体制下腐败是不可能被根除的，甚至从某种意义上说，皇权统治的整个制度设计都在为官员的腐败创造条件。从根本上来讲，皇权帝国财政制度的非理性化在逼迫着官员腐败。囿于技术上的局限，明清时期的中央政府无法清楚地掌握全国土地状况，这就导致田赋这项最重要的税收来源始终未被充分征收，国家财政因此处于一种紧缺的状态，这就形成了制度上存在缺口的“不完全财政”[44]。而这种不完全财政所造成的直接结果就是官员薪资方面的薄弱，这种薄弱不仅在于常规俸禄的稀少，更在于基层行政经费的缺乏。对于长期轮转全国各地的州县官员而言，单靠自己无法实现对地方的有效治理，而必须仰仗当地的幕僚胥吏，但中央政府绝无可能为这些人员提供财政上的支持，一切行政经费都出自州县官员自己的腰包。本来原有的俸禄就已无法满足官员养家糊口及日常工作的开销，如果再加上手下人员的薪资负担，那么从非常规渠道获取资金就是非常必要的了。换句话来说，实际上整个皇权统治的稳定就是建立在官员的腐败之上。而对于官员来说，腐败的成本也是较低的，因为在既有的皇权体制下缺乏治理腐败的有效方式。平民政治权力和相关举报制度的缺失使得民间对官员的监督十分薄弱，本应为惩贪所设计的监察制度完全无法抵御官僚利益群体的侵蚀，官官相护的

[44] 黄仁宇：《十六世纪明代中国之财政与税收》，生活·读书·新知三联书店，2001。

现象屡见不鲜，而如乾隆皇帝这样力求独揽大权的君主还在不断削弱监察官员手中的权力并建立一套属于自己的考察官员的制度。究其根源，当时的皇权政权是“家天下”的形态，那么对于官员而言，自己永远是给皇帝家族打工的人，也就用不着对政权负责，这就更能促使他们在日常为官时以私人利益为导向，即使自己的行为对政权造成损害也毫无顾忌。而唯一能够对官员贪污进行有效打击的就只有皇帝了，但广阔疆域所造成的信息不对称也使得皇帝有受到蒙骗而沦为孤家寡人的危险。乾隆皇帝虽然找到了更为有效的惩贪方法，但经过我们的分析，这种贪污惩治逐渐演变为一种皇权对于官员的钳制方式。而且这种钳制并不是一视同仁的，皇帝会根据亲疏远近的关系选择放官员一马抑或依法治罪，这就使得贪污罪在一定程度上沦为皇帝建立个人威信与谋取个人利益的工具。这一点在乾隆皇帝统治后期的议罪银制度中体现得更加明显，官员可以通过上缴议罪银来抵消一些并不严重的过失与罪责，这即是乾隆皇帝赤裸裸地在常规惩治官员犯罪的制度中攫取利益的行为。

此时，我们看到了另一层面上的常规制度下皇权所表现出的非常规化形态。在这里，皇权的常规是道统意义上的，是从统治合法性出发的“天下之公”。皇帝作为天子就是要替天行使统治权，这是他的职责所在。从某种意义上讲，此时皇帝的个人之私与天下之公是相互重合的，抑或说，皇帝的私就是无私。事实也确实如此，正如之前我们所说的，一旦天下之公未能得到维护，那么政权就面临着瓦解的危险，此时作为个体的皇帝也将不复存在。无论是施行仁政还是惩治腐败，都符合这种常规下的皇权运作的逻辑。但在对两淮盐引案的分析中我们发现，在具体的皇权运作情境下，公与私实际上是不相融合的，在统治合法性层面的“无私”之下，还存在着更为个人欲望化的“私”，而这种私嵌入常规下为公而进行的贪污惩治中，是一种皇权的非常规运作。乾隆皇帝对于贪污的惩治已经远远超越了“为天下之公”的常规权力范围，他不仅由此捍卫了自己统治的合法性，还将大量的资金纳入自己的内务府金库当中，同时还迫使官员在正式制度之外与自己建立更为利益导向的私人关系。反腐虽然是常规化的，但乾隆皇帝建构腐败案件、坐实贪污罪证以及最后从中攫取利益的整个过程更为直观地展现其在个人欲望驱动下将非常规的个人意志加入常规权力框架的手段。

我们当然可以说乾隆皇帝的这种惩贪模式极大地加强了皇权对于官员的控制，让官员无时无刻不在担心自己落入贪污罪的牢笼中，甚至我们可以说，乾隆皇帝在与官员的权力博弈中取得了胜利。但这是否就意味着皇权已经真正走出了困境呢？对于中国的统治者们来说，如何能够以一己之力治理如此庞大的国家是他们无法绕开的问题。在漫漫历史的长河中，我们看到了统治者们所采取的诸如借助皇族、外戚甚至内朝宦官解决这一问题的手段，但这些手段往往会带来更大的问题。相比之下，官僚帝国的体制更适合治理疆域辽阔的中国，官员的“打工者”心态反而有利于皇帝维持自己的统治，毕竟对于大多数官员来说篡权夺位是大逆不道的，即使自己真的成功当上皇帝依然会面临合法性的危机。以乾隆皇帝为代表的清朝统治者们无疑也以史为鉴，在一开始的制度设计上就杜绝了后宫外戚和内朝宦官干政的可能，他们只能依靠官员治国。那么对于乾隆皇帝来说，这种通过带有鲜明个人特色的贪污罪惩治而获得的皇权胜利是否值得他欢欣鼓舞呢？答案可能是否定的。尽管看上去乾隆皇帝的反腐雷厉风行，百发百中，但终乾隆一朝，触目惊心的贪腐大案层出不穷。究其原因，皇权帝国固有的体制下形成的人人皆贪的局面固然造成了无法根除的腐败，但乾隆皇帝在常规权力中加入的非常规因素起到了更大的作用，而这种非常规的权力运作在乾隆皇帝的统治中已然是常态。常规权力尽管表面上仍是为统治的合法性服务，但在内里却完全被皇帝的个人欲望所支配。此时，贪污罪的惩治在无形中消弭了长期以来存在于中国皇权统治的最高统治者——皇帝身上不能自洽的矛盾，即在统治合法性语境下的神圣天子身份与一个拥有无上权力的欲望个体之间的冲突。一直以来我们认为两者是处于一种冲突的张力之下的，皇帝如果想要继续维持皇权的神圣性就必须在一定程度上压抑或以非常隐蔽的方式来达成自己的欲望。但在乾隆皇帝这一极具个人特质的贪污案处理模式中，我们看到这种对立在贪污案这一工具的作用下产生了消解。反贪原本是有利于维护统治稳定与政权合法性的行为，却被乾隆皇帝变成了控制官员以及谋取私利的手段。这也印证了中国皇权统治的本质，那就是皇帝的欲望与权力才是至高无上的。尽管乾隆皇帝一直认为自己是在为大清王朝的长治久安做贡献，是在努力成为一个勤政爱民的治世明君，但在潜意识中，这些宏大的目标都是达成个人欲望的工具。维持政权存续的基本行为准则更是皇帝追求个人欲望的基本条件。因此乾隆皇帝通过反腐在权力博弈中所获得的胜利并不是皇权对于逐利官员的纠错，而是君主个人欲望凌驾于官僚政治体制之上的表现。在官僚帝国的统治体系之下，这种胜利显示出君主对于社会资源的过度汲取，而这种汲取往往是帝国崩溃的前兆。

工具化的反腐披有惩治贪污、保证政治清明的合法性外衣，却成为皇权对官僚体制渗透与控制的工具，反过来对既有的政治体制造成了破坏，从而加速了清朝政权的衰落。之后的嘉庆皇帝除了在白莲教起义的压力下扳倒和珅以外，在其二十五年的统治生涯中几乎毫无作为，而任由大清帝国继续沿着乾隆皇帝统治晚期开始的轨迹坠落。更为重要的是，经由乾隆皇帝诸如工具化的贪污惩治等统治手腕锤炼的官员已失去了原有的活力。正如嘉庆时期的詹事洪亮吉上疏中所说："盖人材至今日，销磨殆尽矣。以模棱为晓事，以软弱为良图，以钻营为取进之阶，以苟且为服官之计。由此道者，无不各得其所欲而去，衣钵相承，牢结而不可解。夫此模棱、软弱、钻营、苟且之人，国家无事，以之备班列可也；适有缓急，而欲望其奋身为国，不顾利害，不计夷险，不瞻徇情面，不顾惜身家，不可得也。至於利弊之不讲，又非一日。在内部院诸臣，事本不多，而常若猝猝不暇，汲汲顾影，皆云多一事不如少一事。在外督抚诸臣，其贤者斤斤自守，不肖者亟亟营私。”[45] 如果说乾隆朝统治是一艘由优秀的长官指挥的旧舰艇的话，那么嘉庆朝统治就变成了一位平庸且优柔寡断的长官指挥着破损的舰船。在乾隆皇帝去世四十一年之后，第一次鸦片战争爆发，中国进入了悲剧性的近代时期。

在此之前我们所提到的皇权之困境是基于更为微观的权力运作情境来说的。通过对乾隆三十三年（1768）所发生的这起贪污案的分析，我们认为这种困境能够被打破。但是在中国两千多年的皇权统治历史中，还存在着一个更大的困境，那就是皇权统治下的官僚帝国体系始终无法解决皇帝的个人欲望与政权维持之间的矛盾。换句话来说，皇权体制无法从根本上消除皇帝个人欲望对于政权的损害，这就意味着，皇帝本身就是一颗定时炸弹，他对于政权的毁灭性打击只是早晚的问题。那些无视统治合法性、

[45] 赵尔巽撰：《清史稿》卷三百五十六《列传一百四十三》，中华书局，1998，第 11309 页。

官僚体系效用及政权稳定而恣意妄为的皇帝，虽然在具体的权力运作情境中不受限制，但其统治往往会迅速走向毁灭，皇权自然也不复存在。而那些看上去贤良的君主尽管表面上是依既有制度而行，遇到了皇权运作的困境，但这并不代表他们消灭了内心的欲望，相反，他们往往会努力寻找更为巧妙的手段实现私欲，正如乾隆皇帝在两淮盐引案中所表现的一样。这些手段往往披上了合规合法的外衣，将原本维护政权稳定的措施变为替君主私欲服务的伎俩，这些颇具迷惑性的伎俩会使所有统治阶层的人沉浸在天朝上国的美梦中，当政权开始土崩瓦解时，一切都已来不及，一如乾隆皇帝的大清王朝。

人欲是无法消除的，而人欲与权力相结合无疑是更危险的，这时就需要完善的制度来限制。很显然，中国皇权统治的官僚帝国统治体系做不到这一点。皇帝的个人欲望总会有破土的时候，政权也将随之走向毁灭。不断轮回的毁灭正是两千多年中国皇权统治历史的主旋律，而这也是皇权始终无法走出的困境所在。

参考文献

未出版古籍刻本

[1]包世臣 . 安吴四种 [M]. 注经堂藏本，同治壬申秋重刊 .

[2]陈栋编 . 牧令书 [M]. 道光戊申秋镌本 .

[3]佶山等编 . 两淮盐法志 [M]. 嘉庆十一年重修本 .

[4]卢见曾 . 雅雨堂文集 [M]. 乾隆十一年刊本 .

[5]钦定四库全书 · 集部 · 御制诗三集 [M].

[6]钦定四库全书 · 集部 · 御制诗四集 [M].

[7]钦定四库全书 · 集部 · 御制诗五集 [M].

[8]钦定四库全书 · 史部 · 钦定大清会典 [M]. 乾隆二十九年修 .

[9]钦定大清会典事例 [M]. 光绪重修本 .

[10] 清盐法志 [M]. 中华民国盐政署整理 . 民国九年修本 .

[11] 沈淑生，孙眉山校勘 . 钦定增修六部处分则 [M]. 光绪二年照部新修本 .

[12] 四部丛刊 · 集部 · 晦庵先生朱文公文集 [M]. 明嘉靖印本 .

[13] 御制文二集 [M]. 乾隆二十九年武英殿刻本 .

[14] 赵翼 . 皇朝武功纪盛 [M]. 湛贻堂藏版，乾隆五十七年修 .

档案文献

[1]故宫博物院明清档案部 . 李煦奏折 [M]. 北京：中华书局，1976.

[2]故宫博物院编 . 清代档案史料选编 [M]. 上海：上海书店出版社，2010.

[3]全国图书馆文献微缩复制中心 . 清内务府档案文献汇编 [M].2004.

[4]台北故宫博物院藏 . 宫中档乾隆朝奏折 [M].1982.

[5]中国第一历史档案馆编 . 康熙起居注 [M]. 北京：中华书局，1984.

[6]中国第一历史档案馆编 . 乾隆朝惩办贪污档案选编 [M]. 北京：中华书局，1994.

[7]中国第一历史档案馆编 . 乾隆朝军机处随手登记档 [M]. 桂林：广西师范大学出版社，2000.

[8]中国第一历史档案馆编 . 乾隆起居注 [M]. 桂林：广西师范大学出版社，2002.

[9]中国第一历史档案馆编 . 乾隆朝上谕档 [M]. 桂林：广西师范大学出版社，2008.

[10] 中国第一历史档案馆，扬州大学，扬州市档案馆编 . 清宫扬州御档 [M]. 扬州：广陵书社，2010.

[11] 中国第一历史档案馆藏 . 宫中廷寄 [M].

[12] 中国第一历史档案馆藏 . 乾隆朝内务府银库用项月折档 [M].

[13] 中国第一历史档案馆藏 . 乾隆朝朱批奏折 [M].

[14] 中国第一历史档案馆藏 . 雍正朝朱批奏折 [M].

已出版古代典籍

[1]阿克当阿修、姚文田等纂，刘建臻点校．嘉庆重修扬州府志 [M]. 扬州：广陵书社，2014.

[2]安继民译注．荀子 [M]. 郑州：中州古籍出版社，2006.

[3]袁世振、陈子龙等选辑．明经世文编 [M]. 北京：中华书局，1962.

[4]赵之恒，牛耕，巴图主编．大清十朝圣训 [M]. 北京：北京燕山出版社，1998.

[5]方濬师撰，盛冬铃点校．蕉轩随录续录 [M]. 北京：中华书局，1997.

[6]故宫博物院编．钦定户部则例 [M]. 海口：海南出版社，2000.

[7]古零后人姜斋．清外史 [M]. 上海：上海五洲书局，1914.

[8]官修．大清五朝会典 [M]. 北京：线装书局，2006.

[9]国家图书馆出版社辑．李朝实录 [M]. 北京：国家图书馆出版社，2012.

[10] 贺长龄，魏源编订．清经世文编 [M]. 北京：中华书局，1992.

[11] 黄印．锡金识小录 [M]. 台北：成文出版社，1983.

[12] 黄掌伦等撰，刘洪升点校．长芦盐法志 [M]. 北京：科学出版社，2009.

[13] 洪亮吉．卷施阁文甲集 [M]. 台北：台湾近代史料丛刊续编影印本，1984.

[14] 蒋良骐．东华录 [M]. 济南：齐鲁书社，2005.

[15] 李斗．扬州画舫录 [M]. 北京：中华书局，1997.

[16] 李桓．国朝耆献类征 [M]. 扬州：江苏广陵古籍刻印社，1990.

[17] 刘锦藻编．清朝续文献通考 [M]. 杭州：浙江古籍出版社，1988.

[18] 刘昫等．旧唐书 [M]. 北京：中华书局，1975.

[19] 欧阳兆熊、金安清．水窗春呓 [M]. 北京：中华书局，1984.

[20] 钱仪吉 . 碑传集 [M]. 北京：中华书局，1993.
[21] 钱泳 . 履园丛话 [M]. 北京：中华书局，1979.
[22] 秦国经主编 . 清代官员履历档案全编 [M]. 上海：华东师范大学出版社，1997.
[23] 刘野编 . 钦定四库全书荟要 · 御制乐善堂全集定本 [M]. 长春：吉林出版集团有限责任公司，2005.
[24] 丘濬 . 大学衍义补 [M]. 郑州：中州古籍出版社，1995.
[25] 阮元 . 淮海英灵集 [M]. 北京：中华书局，1985.
[26] 宋濂 . 元史 [M]. 北京：中华书局，1976.
[27] 万丽华，蓝旭译注 . 孟子 [M]. 北京：中华书局，2006.
[28] 王庆云 . 石渠余纪 [M]. 北京：北京古籍出版社，1985.
[29] 王锺翰注解 . 清史列传 [M]. 北京：中华书局，1987.
[30] 吴兢 . 贞观政要 [M]. 北京：北京燕山出版社，1995.
[31] 马建石，杨育棠主编 . 大清律例通考校注 [M]. 北京：中国政法大学出版社，1992.
[32] 徐珂 . 清稗类钞 [M]. 北京：中华书局，1984.
[33] 延丰等纂修 . 两浙盐法志 [M]. 杭州：浙江古籍出版社，2012.
[34] 曾振宇，傅永聚注 . 春秋繁露新注 [M]. 北京：商务印书馆，2010.
[35] 张觉校注 . 韩非子校注 [M]. 长沙：岳麓书社，2006.
[36] 张廷玉等 . 明史 [M]. 北京：中华书局，2000.
[37] 张燕婴译注 . 论语 [M]. 北京：中华书局，2006.
[38] 昭梿 . 啸亭杂录 [M]. 北京：中华书局，1980.
[39] 赵翼 . 檐曝杂记（瓯北全集本）[M]. 上海：上海古籍出版社，1997.
[40] 赵尔巽等 . 清史稿 [M]. 北京：中华书局，1976.
[41] 中华书局编 . 清实录 [M]. 北京：中华书局，2008.

论文与专著

[1]Bartlett，Beatrice S.Monarchs and Ministers：The Grand Councilin Mid-Ch'ing China，1723–1820[M]. University of California Press，1994.

[2]Greel，H.G.The Beginnings of Bureaucracy in China：The Origin of the Hsien[J].The Journal of Asian Studies，Vol.23，No.2，1964，pp.155–184.

[3]Fu，Zheng yuan.Autocratic Traditionand Chinese Politics[M].Cambridge University Press，1994.

[4]Kahn，HaroldL.MonarchyintheEmperor's Eyes：Image and Reality in the Ch'ien–lung Reign[M].Harvard University Press，1971.

[5]Kyle Crossley，Pamela. ATranslucent Mirror：History and Identity in Qing Imperial Ideology[M].University of California Press，2002.

[6]Kyle Crossley，Pamela.The Rulership of China[J].The American Historical Review，Vol.97，No.5，1992，pp.1468–1483.

[7]Lewis，M.Edward.Sanctioned Violencein Early China[M]. State University of New York Press，1989.

[8]Mahoney，James.Path Dependence in Historical Sociology[J].Theory and Society，Vol.29，No.4，2000，pp. 507–548.

[9]Perdue，C.Peter.China Marches West：The Qing Conquest of Central Eurasia[M].Belknap Press，2005.

[10] Read，Bradly W.Talons and Teeth：County Clerks and Runners in the Qing Dynasty[M].Stanford University Press，2000.

[11] 白寿彝主编 . 中国通史 [M]. 上海：上海人民出版社，1999.

[12] 陈登原 . 中国田赋史 [M]. 北京：商务印书馆，1998.

[13] 陈恩虎 . 贞观之治的理想色彩及其成因 [J]. 安徽教育学院学报（哲学

社会科学版），1997（1）：16～19.
[14] 陈锋．清代盐政与盐税（第二版）[M]. 武汉：武汉大学出版社，2013.
[15] 戴逸．乾隆帝及其时代 [M]. 北京：中国人民大学出版社，2008.
[16] 邓之诚．中华二千年史 [M]. 北京：中华书局，1983.
[17] 杜斌．乾隆朝督抚贪赃案件的司法运作与君权——以《乾隆朝惩办贪污档案选编》为据 [D]. 成都：西南政法大学硕士毕业论文，2008.
[18] 高翔．略论清朝中央权力分配体制——对内阁、军机处和皇权关系的再认识 [J]. 中国史研究，1997（4）：145～155.
[19] 高翔．也论军机处、内阁和专制皇权——对传统说法之质疑，兼析奏折制之源起 [J]. 清史研究，1996（2）：20～29.
[20] 葛剑雄．中国人口史 [M]. 上海：复旦大学出版社，2005.
[21] 关孝廉．再论奏折起源及其特点 [A]. 明清档案与历史研究论文集．北京：中国友谊出版公司，2000.
[22] 郭成康．乾隆正传 [M]. 北京：中央编译出版社，2006.
[23] 哈恩忠．顺治皇帝严禁太监干政的敕谕 [J]. 历史档案 .2015（3）：2.
[24] 历史研究编辑部．唐太宗与贞观之治论集 [M]. 西安：陕西人民出版社，1982.
[25] 韩书瑞著，刘平，唐雁超译．山东叛乱：1774 年王伦起义 [M]. 南京：江苏人民出版社，2008.
[26] 何炳棣，巫仁恕．扬州盐商：十八世纪中国商业资本的研究 [J]. 中国社会经济史研究，1999（2）：59～76.
[27] 黄仁宇．十六世纪明代中国之财政与税收 [M]. 北京：生活·读书·新知三联书店，2001.
[28] 黄天华．中国税收制度史 [M]. 上海：华东师范大学出版社，2007.
[29] 黄惠贤，陈锋．中国俸禄制度史 [M]. 武汉：武汉大学出版社，1996.
[30] 姜洪源．“甘肃冒赈案”：清代第一大贪污案 [J]. 档案春秋，2006（1）：40～42.

[31] 金观涛，刘青峰．兴盛与危机：论中国社会超稳定结构 [M]. 北京：法律出版社，2011.
[32] 孔飞力著，陈兼，刘昶译．叫魂——1768 年中国妖术大恐慌 [M]. 上海：上海三联书店，1999.
[33] 赖惠敏．乾隆皇帝的荷包 [M]. 北京：中华书局，2016.
[34] 李绍强．论明清时期的盐政变革 [J]. 齐鲁学刊，1997（4）：107 ~ 112.
[35] 刘琦．清朝防止群体性腐败法制研究 [D]. 银川：宁夏大学硕士毕业论文，2014.
[36] 刘逖．论安格斯·麦迪森对前近代中国 GDP 的估算——基于 1600 — 1840 年中国总量经济的分析 [J]. 清史研究，2010（2）：48 ~ 55.
[37] 刘文鹏．盛世背后：乾隆时代的伪稿案研究 [M]. 北京：人民出版社，2014.
[38] 刘筱．“两淮预提盐引案”与清中期盐政吏治之关系研究 [D]. 西安：陕西师范大学硕士毕业论文，2012.
[39] 卢经．乾隆朝甘肃捐监冒赈众贪案 [J]. 历史档案，2001（3）：80 ~ 88.
[40] 罗友枝著，周卫平译．清代宫廷社会史 [M]. 北京：中国人民大学出版社，2009.
[41] 吕思勉．隋唐五代史 [M]. 上海：上海古籍出版社，2005.
[42] 吕永成．君主制、官僚制、自治制——传统中国政治结构的三层分析范式 [J]. 河南社会科学，2009（3）：46 ~ 48.
[43] 欧立德著，青石译．乾隆帝 [M]. 北京：社会科学文献出版社，2014.
[44] 祁美琴．清初内务府及其与十三衙门的关系 [J]. 清史研究，1997（1）：28 ~ 36.
[45] 戚文闯．“贞观之治”所谓“治世”质疑 [J]. 广东技术师范学院学报，2016，37（1）：89 ~ 95.
[46] 钱穆．国史大纲 [M]. 北京：商务印书馆，1994.
[47] 瞿同祖．清代地方政府 [M]. 北京：法律出版社，2011.

[48] S.N. 艾森斯塔得著，阎步克译．帝国的政治体系 [M]. 贵阳：贵州人民出版社，1984.
[49] 单士元．管理宫廷生活的清代内务府组织机构及其档案 [J]. 故宫博物院院刊，1986（03）：21～25.
[50] 斯当东著，叶笃义译．英使谒见乾隆纪实 [M]. 北京：商务印书馆，1963.
[51] 唐文基，罗庆泗．乾隆传 [M]. 北京：人民出版社，1994.
[52] 滕德永．道光朝内务府人参变价的困境 [J]. 满洲研究，2012（4）：108～116.
[53] 王建辉．两淮预提盐引案——1768 年乾隆的一起反贪案件及其历史思考 [A].2017 年中国社会学年会·历史社会学分论坛论文集，2017.
[54] 王亚南．中国官僚政治研究 [M]. 北京：商务印书馆，2010.
[55] 王业键，李必樟．清代（1644—1911）物价的长期趋势 [J]. 上海经济研究，1983（2）：42～51.
[56] 王振忠．从新发现的徽州文书看“叫魂”事件 [J]. 复旦学报（社会科学版），2005（2）：135～139.
[57] 汪崇筼．乾隆两淮提引案辨析 [J]. 盐业史研究，2004（4）：10～17.
[58] 汪崇筼．清代徽州盐商江仲馨获利案例试析 [J]. 清史研究，2002（2）：106～111.
[59] 汪士信．乾隆时期徽商在两淮盐业经营中应得、实得利润与流向试析 [J]. 中国经济史研究，1989（3）：95～111.
[60] 韦伯著，康乐，简惠美译．韦伯作品集 III：支配社会学 [M]. 桂林：广西师范大学出版社，2004.
[61] 韦伯著，康乐，简惠美译．中国的宗教：儒教与道教 [M]. 桂林：广西师范大学出版社，2010.
[62] 韦伯著，林荣远译．经济与社会（上卷）[M]. 北京：商务印书馆，2004.

[63] 吴海波，李曦．清代盐商与官僚资本述略 [J]. 山西师大学报（社会科学版），2006（5）：93 ~ 97.
[64] 吴海波．清代两淮盐业重要性之定性与定量分析 [J]. 四川理工学院学报（社会科学版），2013，28（2）：42 ~ 47.
[65] 吴十洲．乾隆一日 [M]. 济南：山东画报出版社，2006.
[66] 吴慧．中国盐法史 [M]. 北京：社会科学文献出版社，2013.
[67] 吴兢撰，谢保成集校．贞观政要集校 [M]. 北京：中华书局，2003.
[68] 萧一山．清代通史 [M]. 北京：中华书局，1986.
[69] 谢立中主编．结构—制度分析，还是过程—事件分析？ [M]. 北京：社会科学文献出版社，2010.
[70] 晏爱红．清代官场透视：以乾隆朝陋规案为中心 [M]. 天津：天津古籍出版社，2012.
[71] 余清清．“两淮预提盐引案”略论 [J]. 盐业史研究，2009（2）：30 ~ 37.
[72] 余英时．历史与思想 [M]. 台北：台湾联经出版事业公司，1976.
[73] 曾小萍．州县官的银两 [M]. 北京：中国人民大学出版社，2005.
[74] 曾仰丰．中国盐政史 [M]. 北京：商务印书馆，1998.
[75] 张邦炜．论宋代的皇权和相权 [J]. 四川师范大学学报（社会科学版），1994（2）：60 ~ 68.
[76] 张宏杰．顽疾：中国历史上的腐败与反腐败 [M]. 北京：人民出版社，2015.
[77] 张小也．清代私盐问题研究 [M]. 北京：社会科学文献出版社，2001.
[78] 张星久．论帝制中国的君权合法性信仰 [J]. 武汉大学学报（哲学社会科学版），2005（4）：482 ~ 489.
[79] 朱金甫．清代奏折制度考源及其他 [J]. 故宫博物院院刊，1986（2）：10 ~ 19.
[80] 朱宗宙．略论清代两淮盐商江春 [J]. 盐业史研究，1991（3）：28 ~ 36.

[81] 朱宗宙 . 明清时期扬州盐商与封建政府关系 [J]. 盐业史研究,1998(4):3 ~ 16.
[82] 朱宗宙 . 清代乾隆年间两淮盐引案 [J]. 扬州师院学报（社会科学版），1989（1）：123 ~ 129.
[83] 祝总斌 . 试论我国封建君主专制权力发展的总趋势——附论古代的人治与法治 [J]. 北京大学学报（哲学社会科学版），1988（2）：3 ~ 16.
[84] 庄吉发 . 清朝奏折制度 [M]. 北京：故宫出版社，2016.